LAURENCE GRIVOT

COMPIÈGNE. — IMPRIMERIE HENRY LEFEBVRE

31, RUE SOLFERINO, 31

JOSEPH PÉRIER

LAURENCE GRIVOT

AVEC PORTRAIT GRAVÉ A L'EAU FORTE

PAR E. ABOT

« Au théâtre..., il ne suffit pas d'avoir du talent, il faut encore avoir de la chance. Et qu'est-ce que la chance?... Madame Grivot n'a jamais eu de chance. »

FRANCISQUE SARCEY
(Chronique théâtrale du 9 juin 1890.)

PARIS
LIBRAIRIE CH. DELAGRAVE
15, RUE SOUFFLOT, 15

A GRIVOT

A vous, mon cher Grivot, qui seul avez pu l'apprécier dignement, comme elle sut vous apprécier elle-même, je dédie cette étude, ou plutôt cet hommage respectueux, que vous m'avez permis de rendre à la mémoire de votre chère femme. Puissiez-vous trouver dans ces pages sincères, non l'impossible consolation de vos justes regrets, mais quelque chose comme l'écho affaibli d'une voix qui vous fut si chère, et que nous regrettons avec vous de ne pouvoir plus entendre.

Votre ami reconnaissant et dévoué,

Joseph Périer.

22 Décembre 1890.

AU LECTEUR

De tous les arts que l'on cultive en France, le plus cher aux Parisiens, celui qui a le plus d'action sur la foule, celui qui exerce cette action avec le plus d'énergie et de prestige, c'est sans contredit l'art dramatique. Les auteurs qui alimentent ces foyers de fermentation imaginative et passionnelle appelés *théâtres*, sont populaires entre tous, et les interprètes de leurs œuvres sont plus connus, plus choyés du public que les auteurs mêmes. Malheureusement pour l'acteur, les effets qu'il produit, instantanés comme ceux de l'électricité, ne se soutiennent qu'en se répétant fréquemment, et s'effacent dès qu'on ne voit plus celui qui les produisait. L'acteur au repos semble cesser d'exister, et, quand il meurt, il est censé mourir tout entier. Cela n'est pourtant pas tout à fait exact. L'acteur ne périt pas d'un seul coup. Il disparaît d'abord, comme tous les mortels, en expirant; mais il se survit avec la génération qu'il a émue et charmée. Tant que cette génération subsiste, on parle encore de lui ; il a encore des chances pour obtenir justice de la renommée. C'est l'instant propice pour confier sa mémoire à « l'incorruptible avenir. »

Une telle tâche m'a semblé bonne et utile, même nécessaire à certains égards, envers Mme Laurence Grivot, artiste éminente et femme de bien, que le public n'a pu connaître assez complètement pour l'estimer à sa valeur, qui me fit l'honneur d'ajouter sa franche amitié à celle de son mari, et qui, bien prématurément, laisse, en disparaissant, un vide difficile à combler.

Mais ce n'est pas seulement par amitié pour les époux Grivot que j'entreprends cette tâche, évidemment au-dessus de mes forces ; encore moins par esprit de rancune envers des personnes auxquelles la bonne Laurence a pardonné. Donc, ni plaidoyer, ni protestation, ni pamphlet. Je ne proteste pas, j'atteste. Je dirai ce que je sais, avec conviction et sur documents authentiques.

D'ailleurs, il est bon qu'on le sache, en me montrant pour elle « affamé de justice », je ne fais que remplir un devoir de reconnaissance envers les Grivot, contracté en des temps douloureux pour eux et pour moi. Nous avons fait alliance, comme on le verra dans le cours de cet écrit, par les plus nobles sentiments, à savoir l'amour de la patrie et l'amour de l'humanité.

Qu'on ne s'attende donc pas à trouver dans

cette *Vie* d'une comédienne, ni des succès bien retentissants, ni de piquantes aventures, ni de curieuses intrigues ; ce qu'on y verra, c'est la lutte courageuse, intelligente et persévérante, toujours digne et finalement mortelle, d'une rare organisation d'artiste et d'un talent unanimement reconnu, contre des difficultés et des obstacles dont le public a pu soupçonner les causes, sans que lui ni elle aient jamais pu les vaincre.

J. P.

I

Préambule.

U 6 au 8 juin de cette année 1890, tous les journaux quotidiens de Paris et plusieurs de la province consacrèrent un article de sympathiques regrets à la mémoire de l'éminente artiste Madame Laurence Grivot, qui venait de mourir prématurément dans la plénitude de son talent. Tous rappelaient, en même temps, ses principales créations, pendant vingt-sept ans, sur sept de nos théâtres, depuis son éclatant début au Vaudeville, dans *la Chercheuse d'esprit*, jusqu'à sa dernière *figure* au Gymnase, dans *Paris fin de siècle.* Quelques-uns se firent un devoir de témoigner, en cette triste occasion, leur sincère admiration pour l'artiste et leur haute estime pour sa personne. Parmi ces articles, d'une honorable et

touchante spontanéité, se distinguèrent les *Chroniques théâtrales* que M. Francisque Sarcey et M. Adrien Bernheim consacrèrent, chacun de son côté, à une revue, plus explicite et plus concluante qu'aucune autre, de la carrière dramatique de Mme Grivot.

En lisant avec une véritable émotion ces éloquents résumés d'une lutte courageuse et obstinée, où elle avait compté autant de victoires que d'occasions de combattre, je ne pus m'empêcher de songer que ces combats singuliers et ces victoires personnelles, n'ayant eu pour témoins qu'un public restreint aux dimensions d'un théâtre, et pour historiens que les représentants les plus impartiaux de la critique, ne pouvaient longtemps préserver de l'oubli sa mémoire. Une feuille de journal, pour intéressante qu'elle soit, va s'ensevelir dans une collection, où l'on ne s'avise guère de l'aller chercher ensuite. En est-il de même d'un petit livre ? En général, non. Déposé sur un rayon de bibliothèque, le mince volume est constamment sous la main ; on peut le consulter sans perte de temps ; on peut le relire. Faisons, me suis-je dit, un fidèle *memento*, à l'usage des survivants ; appuyons-le sur des documents authentiques ; donnons-lui la forme et le caractère d'une étude biographique, morale et artistique, aussi intéressante et instructive que nous la pourrons faire. N'est-ce pas le vœu de nombreux amis et le désir secret de l'excellent homme, artiste de vrai talent lui-même, qui sut comprendre cette femme d'élite, l'aimer et l'unir à sa destinée par des liens éternels ? Puisse son immense douleur y puiser quelque adoucissement !

II

Enfance de Marie Laurent. — Débuts sous le nom de *Laurence.*

MADAME LAURENCE GRIVOT fut, sans contredit, au milieu de ce siècle, une des personnalités les plus sympathiques de nos théâtres et un des talents le moins contestés. C'était une vraie comédienne, dont l'entrée en scène était toujours attendue avec curiosité, souvent applaudie ou même acclamée, jusque dans ses moindres rôles : elle avait au suprême degré l'art de faire quelque chose de rien. Il ne lui a manqué, pour paraître au premier rang, que l'attribution d'un *bon rôle* dans une pièce dont elle eût fait le succès à elle seule. Or c'est ce qu'elle a toujours vainement attendu ; elle est morte à la peine, froissée dans son amour-propre d'artiste, laissant après elle d'unanimes regrets, et des vides qui n'ont pas tardé à se faire sentir par la difficulté de les combler. Une seule fois j'eus l'occasion de voir, dans un des rôles qu'elle avait créés, une autre actrice, de réputation tapageuse, essayant de la remplacer pendant une maladie : l'essai parut tellement ridicule que la pièce ne s'en releva pas.

J'espère d'ailleurs démontrer, par l'ensemble de cet écrit, si le lecteur a la patience d'aller jusqu'au bout, que Mme Grivot aurait été une femme remarquable, dans quelque condition qu'elle eût vécu.

LAURENCE GRIVOT, née Marie Laurent, doit son nom de théâtre à une condescendance de bon goût, autant que de raison, envers Mme Marie Laurent, née Luguet, qui, lorsque la jeune fille entra dans la carrière, se trouvait déjà en possession d'une grande et légitime renommée[1]. Elle était née à Versailles, en 1843 ; son père était,

1. Marie Luguet avait débuté dans le Midi, en 1848, et jouait à Paris, en 1849, le rôle de la *Sévère*, dans François le Champi ; Laurence Grivot ne débuta au Vaudeville qu'en 1863.

Les deux artistes, rapprochées par des œuvres de bienfaisance, restèrent amies jusqu'à la fin.

quand il mourut, chef de bureau au chemin de fer de Lyon.

Restée orpheline à l'âge de douze ans, la petite Marie fut mise au couvent, d'où elle sortit pour être couturière. Cette destination ne tarda pas à être balancée, dans le for intérieur de l'enfant, par un goût vif pour le théâtre. N'étant encore qu'une inconsciente fillette, elle se plaisait à mêler la comédie à ses jeux, saisissant et imitant, avec une pointe de malice, tout ce qui lui paraissait expressif. Son bonheur, les jours de fête, était d'en amuser ses petites amies, dans la boutique d'un layetier-emballeur de la rue Saint-Louis-au-Marais, où les habitants du quartier admiraient au passage sa gentillesse et son entrain[1]. L'un d'eux s'en est souvenu plus tard, avec un à-propos dont Mlle Laurence lui sut bon gré.

Une tante de la petite, éclairée par la persistance d'un goût qui ressemblait fort à une vocation, crut devoir profiter de certaines influences pour présenter sa nièce à M. Chotel, alors directeur des scènes de Batignolles et de Montmartre. C'est donc aux Batignolles que la jeune *Marie*

1. L'enfant demeurait alors chez ses parents, au nº 3 de cette rue Saint-Louis.

Laurent, sous le pseudonyme de LAURENCE, débuta en 1863, dans une pièce d'Alfred Seguin, intitulée *le Petit Nicol*. Elle marchait alors sur sa vingtième année et cherchait sa voie, sinon sans guide au moins sans maître, avec une sagacité d'observation et une curiosité d'instinct qui la prédestinaient au rôle d'ingénue spirituelle. Chotel, qui observait ses aptitudes avec l'intérêt bienveillant d'un homme habitué à pressentir les talents, en eut d'abord l'intuition, et saisit l'occasion de produire sa pensionnaire en bon lieu.

Le théâtre du Vaudeville, alors situé place de la Bourse, sortait à peine de cette phase d'administrations néfastes durant laquelle on le voit fermé jusqu'à sept fois en onze années; mais alors il reprenait vie sous la direction de M. de Beaufort. Un jour que Chotel s'entretenait, avec ce dernier, des sujets de son personnel qui offraient le plus d'avenir, il lui cita cette jeune fille comme une Nicette toute trouvée, pour un théâtre qui voudrait remonter *la Chercheuse d'esprit*. Un mois après, la reprise du petit chef-d'œuvre de Favart était annoncée, avec Mlle LAURENCE débutant dans le principal rôle. Ce rôle, créé par Mme Favart, qui le rendit célèbre, et repris avec éclat par Jenny Vertpré, bien que cette dernière y montrât peut-être plus d'esprit qu'elle n'en semblait chercher, ce rôle, un des plus difficiles du répertoire, qui demande un art si délicat, si fin, avec un naturel si parfait, fut renouvelé par la débutante, et si bien compris que, non seulement le public lui fit un chaleureux accueil, mais que la critique fut unanime à louer en elle des qualités de premier ordre : l'instinct dramatique, beaucoup de physionomie, un naturel étonnant, une diction juste, une voix sympathique, une grâce et une finesse qui promettaient tout ce qu'on pouvait espérer d'un sérieux talent cultivé.

On a lieu de s'étonner, on s'étonna même dans le temps, qu'après un tel succès, l'administration du théâtre n'eût guère mis d'empressement à tirer un plus grand parti de ce talent primesautier. Pareil fait n'est pourtant pas rare ; il s'explique aisément par les mœurs du théâtre, où les rivalités ne font jamais relâche. La coutume n'en est pas moins regrettable.

On revit donc la charmeuse Nicette simplement utilisée dans *les Petites Comédies de l'amour*, puis dans la *Jeunesse de Mirabeau* (rôle de Toinon) et dans une reprise du *Florentin*. Pendant les répétitions de la *Jeunesse de Piron*, Mlle Fanny Essler, à qui le principal personnage était dévolu, tomba malade. Ce fut pour la pauvre Laurence une aubaine : elle y fit merveille et chanta surtout un *Noël* galant de l'époque, avec une verve, un goût et une âme qui firent éclater dans la salle de véritables acclamations. Déjazet ne se serait pas mieux acquittée de ce rôle, qu'on eût pu croire composé exprès pour elle. L'impression générale fut que la jeune artiste rappelait sensiblement la célèbre Virginie par ses meilleurs côtés, sans être, en tout cas, aussi *oseuse* qu'elle, comme d'autres actrices l'ont été de nos jours plus bruyamment, à côté de Laurence.

M. Octave Feuillet, dans une version nouvelle de *la Belle au bois dormant*, lui fournit une nouvelle occasion de se produire. Elle y jouait le rôle de Toinet, petit paysan breton[1]. Francisque Sarcey, après avoir fait remarquer, dans un premier feuilleton, que Mlle Laurence « devenait une comédienne », ajoutait ceci : « J'ai quelque orgueil à rappeler ce précédent, au moment où la salle entière vient de faire une véritable ovation

1. Virg. Déjazet, dans l'ancienne pièce, jouait la fé Nabote.

au petit paysan breton de *la Belle au bois dormant*. La lumière se fait peu à peu sur cette jeune actrice, qui ne doit qu'à l'étude et au talent seuls son lent avancement. Il ne lui manque qu'un auteur qui lui confie résolûment un rôle important, pour que le théâtre du Vaudeville bénéficie d'une sympathique physionomie de plus. » Ce rôle sauveur devait, hélas ! se faire longtemps attendre !

Le premier qui lui échut fut celui de Théodule, le petit crevé de *la Famille Benoîton*, où elle remplaçait au pied levé Mlle Daudoird. Le personnage, déplaisant par lui-même, imposait à l'artiste un travesti qui ne lui allait guère, et je ne fus pas le seul de cet avis.

III

§ I. — Mariage de Mademoiselle Laurence avec l'acteur Grivot.

Ce fut à cette époque, c'est-à-dire au cours des représentations de la comédie de M. Sardou, que se produisit le changement le plus décisif dans la destinée de la jeune artiste. Grivot, de quelques années plus âgé qu'elle, tenait, dans la même pièce, un rôle presque aussi ingrat que celui de Laurence. Depuis quelque temps, la physionomie de cette jeune fille lui rappelait vaguement la petite comédienne qu'il avait vue débuter au Marais, sur les planches de l'emballeur; et en effet, c'était elle. Les deux jeunes gens se rappelèrent avec complaisance le pays natal, et l'on devisa gaîment des bonnes gens qu'ils se rappelaient y avoir connus, chacun de son côté. A cette similitude d'origine et de souvenirs s'ajoutait celle de leurs penchants et de leurs rêves d'avenir; bref, les deux artistes, fort capables de s'apprécier mutuellement, résolurent d'associer leurs existences par un bon mariage. Cela se fit sans bruit et presque incognito. En fait d'invités, Mme Alexis, leur bonne camarade du Vaudeville et fidèle amie, représentait seule au festin toute la corporation théâtrale.

Le régal fut petit et sans beaucoup d'apprêts.

On n'y servit pas de « brouet clair », mais pas davantage de faisan rôti. Pourtant, on y but du champagne, et finalement toutes les économies de l'un et de l'autre y passèrent; si bien que le lendemain matin, à la première heure, Grivot, sa femme au bras, dut « aller *aux avances* », c'est-à-dire faire sa première visite au caissier du théâtre. Les nouveaux époux n'avaient eu garde, toutefois, de manquer, même le soir de leur mariage, à faire chacun leur partie dans *Benoîton.*

C'était plaisir, en des temps plus propices, de les entendre raconter leur repas de noces et leur entrée en ménage, avec une bonne humeur pour ainsi dire rétrospective. Un détail de ce récit m'est resté en mémoire, et vaut la peine d'être cité.

Les acteurs du Vaudeville, ravis de ce mariage d'inclination mutuelle autant que d'élection professionnelle, y applaudirent avec des fleurs; à quoi les époux Grivot s'empressèrent de répondre en conviant le lendemain leurs camarades à une agape fraternelle, dont le plat de résistance était une choucroute garnie, avec une bourriche d'huîtres pour hors-d'œuvre. Cette offre magnifique fut unanimement agréée, acclamée et, qui plus est, les soirs suivants, imitée et répercutée en une série de dînettes pareilles, qu'on s'offrit mutuellement, par petits groupes, au théâtre même, durant un mois, resté légendaire sous le titre des *Choucroutes Grivotes*.

On aimerait à poursuivre parallèlement l'histoire de ces deux existences, qui ne cesseront pas un instant désormais d'être unies étroitement de cœur et de pensées. Cependant, le cadre que je me suis imposé m'oblige à m'attacher exclusivement à l'une d'elles, ou du moins à reléguer l'autre dans la pénombre; car l'effacer entièrement serait déloyal autant que vain; le lecteur n'en serait pas dupe, et le récit y perdrait de sa vraisemblance.

Nos deux jeunes gens auront du moins quelque temps encore cette satisfaction de jouer ensemble, en se partageant les succès, dans de petites pièces, qui semblaient faites exprès pour cela, comme *Jobin et Nanette*, *Horace et Liline*. Les *petits Grivot*, comme ils se laissaient appeler volontiers dans l'intimité, partirent alors pour Bordeaux, où ils donnèrent des représentations sur le théâtre Richelieu. Ils s'y firent particulièrement applaudir dans une féerie des frères Cognard intitulée *Peau d'Ane*.

Le public bordelais prit « un plaisir extrême » à voir jouer par la jeune madame Grivot le double rôle du génie Phazel et du prince Coussi-Coussi, dont elle s'acquittait, selon l'expression bien méridionale du journaliste local, « avec un feu qui allumait tous les cœurs. »

Rentrée à Paris, en 1864, après le fallacieux décret par lequel Napoléon III octroyait à la France « la liberté des théâtres », elle eut la bonne fortune de jouer sur celui du Vaudeville, dans les *Plaideurs* de Racine, le rôle d'Isabelle. « Elle y fut », écrivait M. Sarcey, « ingénue et piquante à souhait, et, quand Léandre, sous l'habit de commissaire, lui demanda : *Etes-vous en pouvoir de mari?* c'est avec la malice la plus spirituelle qu'elle répondit le célèbre *Non, monsieur*. Laurence était heureuse; elle jouait enfin « du répertoire! » Malheureusement pour elle, cette soirée-là n'eut pas de lendemain. Elle attrapa encore par-ci par-là quelque bout de rôle épisodique, mais ce fut tout. Elle trouvait pourtant chaque fois moyen d'y montrer « un petit coin d'originalité. »

Par contre, un fait à constater, c'est que la critique dramatique ni le public ne l'abandonnaient. A propos du *Don Juan de Village*, de George Sand, M. Jules Claretie se plaisait à citer ces paroles de Chotel, son premier directeur : « C'est la plus étonnante organisation de comédienne que j'aie rencontrée; artiste jusqu'au bout des ongles, et artiste d'instinct. Quand elle nous arriva, je fus étonné de tant de science; cette enfant, dis-je, en sait plus que nous. » Avec cela, elle aimait passionnément son métier.

Pourquoi donc n'avançait-elle pas? — On ne la trouvait pas assez jolie. Comment donc faut-il l'être au théâtre pour se faire agréer? On a pourtant vu, comme chacun sait, des actrices réussir et devenir célèbres, avec moins de beauté ; mais je reviendrai là-dessus. Je tiens seulement à faire observer ici que le public, comme a fort bien dit Dorat,

Veut de l'illusion, et non pas des attraits.

Oui, l'illusion suffit. Ne voit-on pas réellement ce que l'on croit voir, et tout n'est-il pas illusion au théâtre ? Jamais, au contraire, un beau visage n'y a pu remplacer le talent ; et les beaux visages, au gré des spectateurs, sont encore ceux où les passions se peignent le mieux, ceux qui s'animent par l'expression du sentiment[1]. Mais la mauvaise volonté de M. Harmand ne l'entendait pas ainsi, et c'était elle qui prévalait nécessairement. Quoi qu'il en fût, Laurence Grivot ne se décourageait pas.

La *chercheuse d'esprit*, bien qu'elle en eût à revendre, et justement à cause de cela, se complaisait dans la société des personnes qu'elle en savait le mieux pourvues. L'esprit des autres, en somme, a-t-il autrement de prix qu'en propor-

1. Il me paraît topique de citer à ce propos le trait final d'une comédie où Laurence Grivot eut un de ses meilleurs rôles : « Mme DESROCHES. La beauté étonne. — DUNOYER. La grâce captive. » *(Pourquoi l'on aime.)*

tion de celui qu'on a soi-même? Le foyer du Vaudeville, théâtre alors très littéraire, était visité fréquemment par George Sand, Auber, Émile Augier, Victorien Sardou, Th. Barrière, Oct. Feuillet, Lambert Thiboust, Raymond Deslandes, et quelques artistes du lieu, notamment Mlle Fargueil, Mme Doche, Jeanne Essler, Félix, etc. Mme Sand avait surtout pour la jeune artiste ce prestige que donne le génie uni à la bonté. Sitôt que Laurence voyait jour à l'aborder, elle venait familièrement s'agenouiller devant elle, et, la tête appuyée au torse de l'oracle, elle s'abreuvait de sa parole.

En dehors de ce petit cénacle, elle consultait particulièrement sur son art Mlle Fargueil, et elle profita si bien de ses conseils qu'on a prétendu un moment qu'elle l'imitait. La vérité est qu'étant, comme elle, respectueuse de son art, elle en faisait incessamment son étude, observant, interrogeant, réfléchissant, prête à tout. Pas une conception neuve, pas une fantaisie d'auteur qui ne trouvât en elle une intelligence ouverte, une interprète avisée. Dès la première lecture, elle tenait le personnage; à la seconde, elle vivait avec lui. Rien qui sentît l'école ou l'imitation. Elle avait acquis, par son observation personnelle, une connaissance parfaite des bienséances, et, pour le reste, puisait l'inspiration dans sa tête ou dans son cœur[1].

Ah! frappe-toi le cœur, c'est là qu'est le génie!

pensait-elle avec Alfred de Musset. Son conseiller, son professeur venait ensuite : c'était maître Grivot, avec son esprit et son cœur; un maître en effet, dont la critique la faisait toujours réfléchir, et dont l'approbation était pour elle la suprême garantie du succès. Grivot, de son côté, la consultait avec déférence, et c'était plaisir de les entendre s'exercer ensemble, comme j'en eus quelque temps la singulière fortune à travers l'épaisseur d'un plafond. Tous deux y mettaient un entrain qui me causa une singulière illusion, dont le souvenir me charme encore. Assis à ma table de travail, j'écoutais avec ravissement, au-dessus de ma tête, ces deux voix jeunes et fraîches, parlant haut, riant aux éclats, chantant des

1. « Le comédien », disait Samson, « est tout entier là », et il montrait son front; — « là », — et il montrait son gosier, — « et là », — et il montrait son cœur. »

E. Legouvé.

ariettes, gazouillant de la prose et des vers; le tout avec des accents de tendresse et de passion qui me faisaient croire à quelque idylle sous les toits. Je me figurais deux enfants privilégiés, artistes de nature plutôt que de profession, qui célébraient leur bonheur caché par des élans intermittents, bonheur si complet et si débordant, semblait-il, qu'ils n'avaient pas trop des moyens d'expression de tous les arts pour s'en donner à cœur joie. C'étaient « les petits Grivot » qui répétaient.

J'ai parlé d'illusion, mais j'avais tort. Tout cela était vrai, sauf deux détails : mes deux amants étaient artistes de profession aussi bien que de nature, et ils étaient époux depuis deux ou trois ans.

Je ne tardai pas à me lier avec eux, par la sympathie, l'estime et la reconnaissance. Comment cela se fit-il? D'une façon bien simple et bien touchante, que je ne saurais taire. Oh! les bonnes âmes! Je venais de subir une opération douloureuse, l'extraction d'un œil. Dès qu'ils surent qu'un être humain souffrait près d'eux, tout bruit cessa au-dessus de ma tête, comme par enchantement. J'appris que mes petits voisins poussaient la délicatesse jusqu'à se déchausser dans les escaliers, quand ils rentraient du théâtre, afin de ne pas troubler mon repos. Je les en fis remercier cordialement. Chaque jour ils s'informaient de mon état, et je ne fus pas plus tôt convalescent, que j'eus le plaisir de voir Grivot entrer chez moi, sous couleur de me consulter touchant la rédaction d'une lettre importante. Ce petit service rendu, nous nous serrâmes les mains avec une mutuelle sympathie, et je me sentis dès lors attiré vers ces bons petits voisins, qui rentraient chez eux à pieds déchaux, « pour ne pas réveiller le malade d'au-dessous ». Je les appelai longtemps « mes petits voisins, mes petits amis », tant ils me semblaient jeunes, alors que j'étais déjà vieux.

Ce premier indice et ce premier mouvement ne m'avaient pas trompé. Je découvris en eux, par la suite, assez de mérite pour les estimer et les chérir de plus en plus, sans que j'aie jamais su auquel des deux donner la préférence. Les malheurs publics contribuèrent encore à nous rapprocher.

§ II. — Premières épreuves de l'*Année terrible*.

L'*Année terrible* venait de s'ouvrir, et quoique chacun, dans toutes les conditions, souffrît de son côté, chacun compatissait au mal d'autrui et se sentait prêt à le soulager. La fraternité s'imposait par les souffrances communes, et le patriotisme disposait à tous les sacrifices. Pendant les premiers mois du siège, par exemple, on songeait plus à créer de puissants engins de guerre qu'à s'assurer des subsistances. On vit alors s'organiser de tous côtés des représentations pour la fonte de nouveaux canons. Les Grivot ne manquèrent pas une occasion d'y concourir. Un soir du mois de décembre, qu'ils revenaient de jouer ensemble *Jobin et Nanette* sur le théâtre du Vaudeville, le cheval qui traînait leur voiture à travers les neiges accumulées s'abattit rue de la Chaussée-d'Antin. La voiture fut brisée, et les deux personnages, en costume léger, obligés de gagner à pied, ayant de la neige à mi-jambes, leur domicile, situé au numéro 24 de la rue Pigalle. L'aventure n'eût été plaisante pour personne, mais les Grivot étaient ensemble, ils s'en tirèrent gaiement.

D'autres fonctions me soumettaient à un autre genre d'épreuves. La plus sérieuse de ces épreuves était ma responsabilité dans la répartition des subsistances, ou, pour mieux dire, dans la règlementation de la faim entre les habitants d'un îlot de mon quartier[1]. La distribution des cartes de consommation dont, en conséquence, j'étais chargé, rapprochait les individus et les familles. Nous en vînmes bientôt, mes voisins et moi, à prendre nos repas autour de la même table. On s'y nourrissait principalement d'illusions et de patriotisme. Le manque de combustibles poussant à la concentration, un cercle composite fut bientôt constitué. On y passait les longues soirées à deviser familièrement des évènements du jour et de toutes sortes de choses; mais le plus souvent, cela se conçoit, des misères du siège et de l'obligation qui s'im-

1. Avant la fin d'octobre, la viande de cheval et le riz étaient, comme on sait, devenus la base de l'alimentation. La ration de viande fut fixée à 50 grammes par habitant; celle du pain, à 300 grammes. Ce n'était que le commencement. On en vint à manger des rats et de la paille hachée pétrie dans du son.

posait de les endurer sans faiblir. On sentait pourtant, on ne sentait que trop, hélas ! si bonne contenance que l'on fît, l'affaiblissement moral progressif dans le gros de la population, depuis la reddition de Metz, et surtout par suite de l'entrée en scène des gens de la *Commune*. Les survivants qui ont connu le Paris de ce temps-là se rappellent combien il était lugubre le soir, une fois les magasins fermés et l'éclairage des rues réduit d'abord à la moitié des becs de gaz, puis à je ne sais quelles ténèbres infernales sillonnées de lanternes, de torches et de lampions espacés au hasard. Les théâtres seuls, rouverts dès le commencement de septembre, entretenaient sur les places et dans leur enceinte quelque apparence de vie. Sur plusieurs d'entre eux on faisait alterner, avec les représentations dramatiques, des conférences publiques, des séances tumultueuses de clubs, des lectures et des déclamations patriotiques, en prose et en vers, telles que le *Cri de guerre* d'Auguste Lacaussade ; les *Cuirassiers de Reichshoffen*, de M. Bergerat ; la *Lettre d'un Mobile breton*, de M. Coppée ; des fragments du livre des *Châtiments*, de V. Hugo, etc. Les artistes qui se dévouaient à l'interprétation et à la vulgarisation de cette littérature de circonstance recherchaient avec préférence les morceaux encore inédits : Mme Grivot me fit l'honneur de penser que je pourrais peut-être lui fournir quelque chose qui fût en rapport avec son talent. M'inspirant surtout de la situation, j'écrivis pour elle *la Ligue de l'Humanité*, qu'elle dit avec succès sur plusieurs scènes, au profit des *cantines municipales* de mon quartier. Que d'art et que d'âme elle mit dans sa diction ! De quelle voix profondément concentrée et de quelle indomptable conviction elle jetait à la foule ces premiers mots :

Non, tout n'est pas fini !...

Mais j'ai hâte de revenir à la vie calme, intime et artistique de mes nouveaux amis.

Après m'être laissé entraîner par l'enchaînement des faits, il va falloir rétrograder de deux à trois ans, pendant lesquels l'intérêt qui s'attache à cette étude n'a cessé de s'accroître et ne cessera plus jusqu'à la fin. Ce que j'en sais personnellement, c'est que, durant vingt années qu'ils ont été les fidèles amis de mon déclin, je les ai vus, sans interruption, marcher appuyés l'un sur l'autre, s'avancer en se fortifiant l'un l'autre, par le constant accord de leurs dilections, de leurs études et de leurs volontés.

Au mois de décembre 1868, j'avais remarqué, sans la connaître encore, Mme Laurence Grivot dans *Miss Multon*, à côté de Mlle Fargueil, qui tenait le principal personnage en comédienne de premier ordre. On peut cependant affirmer qu'au second plan, son fervent disciple Laurence, dans le rôle un peu factice du petit Paul, contribua sensiblement au succès par l'émotion concentrée et la vivacité de son jeu, qui allait si droit au cœur. C'est elle qui fit couler les plus douces larmes.

Au commencement de l'année suivante (11 février 1869), elle fit presque tout le succès du *Sacrifice*, de M. Alphonse Daudet, pièce médiocre en soi, où l'auteur avait eu heureusement la fantaisie d'introduire le personnage d'un petit Arabe, mélange de sauvagerie et de grâce, paresseux et *chappardeur*, mais dévoué à son maître jusqu'à la mort. Le rôle fut saisi et créé par la jeune artiste avec une originalité si piquante que la pièce en fut comme éclairée. Vingt journaux célébrèrent NAMOUN avec un égal enthousiasme.

L'exactitude du costume et l'arrangement de la tête étaient au-dessus de tout éloge. « Mme Grivot, » disait M. Ranc, « s'est courageusement enlaidie, ce qui ne l'empêche pas d'être avenante et gracieuse. » Edouard Fournier affirmait qu'elle « n'avait jamais été plus charmante qu'avec la petite mine au bistre du Turco *Namoun.* » Pour Barbey d'Aurevilly, « l'indolente enfant, couchée dans ses couvertures (au IIIe acte), avait tout ensemble l'air d'une gazelle et d'un jaguar, — combinaison piquante en somme », ajoutait-il avec complaisance. Son récit de la prise d'Alger était, selon l'expression de Théodore de Banville, « une perle à jamais resplendissante. » Cette création de Namoun fut, dit M. Sarcey « le premier coup porté à l'indifférence du gros public... Il avait fallu cette adorable fantaisie pour qu'on s'aperçût (après quatre ans et plus !) de l'extrême mérite de cette aimable enfant. » Enfin « son trou était fait. »

Cette même année (1869), elle reparut dans : *Le Ménage en ville*, de Théodore Barrière (7 août), et dans *Pourquoi l'on aime*, de M. de Léris (19 août).

Dans la première de ces deux pièces, Mme

Grivot joua en actrice excellente, à côté de Parade, le rôle de Juliette, et s'y révéla en pleine lumière. « Eh bien ! vous y êtes, lui écrivait Edgar Monteil ; on ne vous fera plus reculer... Vous êtes au premier rang, et vous y resterez. » Cependant Francisque Sarcey la trouvait mal habillée, « chose étonnante en elle, » ajoutait-il. Mais il admirait tout le reste et s'exclamait : « Dit-elle assez juste ! Et vive, et fine, et agaçante. Et comme elle lance à pleine voix son imprécation du 3e acte contre la bêtise des hommes qui se laissent enjôler aux courtisanes ! Que de gaîté dans sa colère ! Elle est en train de passer une des premières actrices de Paris. » Elle semblait, en effet, désormais marquée pour la Comédie-Française, où elle ne devait, hélas ! arriver jamais.

Laurence Grivot avait, dans *Pourquoi l'on aime*, un rôle qui semblait la personnifier, celui d'Eudoxie, une jeune fille qu'on prend pour laide et qui ne l'est pas du tout, tant elle a de cœur et d'esprit. Elle soutint à peu près seule, aux représentations, tout le poids d'une œuvre qui n'était pas née viable. L'auteur le sentit et l'en remercia sincèrement, en lui dédiant un exemplaire de sa brochure, un peu laconiquement toutefois, comme un vaincu boudant contre lui-même.

Avec quel enchantement je la revis, au commencement de l'année suivante, dans une des meilleures petites pièces de l'aimable petit homme appelé Verconsin, laquelle avait pour titre *les Curiosités de Jeanne!* Elle y tenait le principal rôle, et prêtait à la curieuse une vivacité et un naturel des plus piquants, à côté de Mlle Bianca, qui depuis eut l'honneur de passer par les Français, et qui, dans la pièce, contrastait, par son rôle déluré de princesse russe, avec le jeu spirituellement nuancé de Mme Grivot. Que d'esprit finement naïf, quelle décence et quelle grâce dans l'ingénuité de cette honnête jeune femme qui s'est fait conduire par son mari, rien que pour voir un peu, dans un monde qu'elle eût mieux fait d'ignorer tout-à-fait! Madame Grivot y fut exquise et enleva les suffrages de toute la presse. « Jeanne, écrivait alors Barbey d'Aurevilly, c'était Mme Grivot, Mme Grivot aux yeux intelligents et acérés comme des flèches. Avait-elle des mouvements assez chastes, dans sa robe bleu-de-ciel, au milieu de toutes ces égrillardises ?... Elle était charmante et elle deviendra une charmeuse. Etoile sous le nuage encore! Pourquoi ne lui donne-t-on que des papillottes de rôle? Moi aussi, comme Francisque Sarcey, je voudrais la voir coiffée de ce qu'on peut appeler *un rôle*. Je suis sûr qu'elle aurait alors un succès fou. »

IV

Suite de l'*Année terrible.* — Matinées Ballande.

Nous voilà revenus à 1870, année qui marque le terme de la première phase d'épreuves, parcourue avec plus d'honneur que de profit par la vaillante actrice, qui, durant sept années, n'a pas paru une seule fois devant un public quelconque sans produire sur lui une impression favorable. Ses épreuves, pourtant, n'étaient pas près de finir. La route allait, au contraire, devenir plus ardue et se hérisser de nouveaux obstacles. Baste ! Les Grivot sont encore tout jeunes; ils lutteront, côte à côte ou séparément, avec un courage indomptable. Hélas ! c'est précisément ce courage qui menace de les perdre : la maladie est entrée chez eux; la pauvre Laurence reste alitée durant six mois. C'est dans cet intervalle, et dans un état d'affaiblissement très inquiétant, qu'il lui faut subir les tracas d'un changement de logis. On avait requis un homme fort pour transporter la pauvre malade de la rue Pigalle au bout de la rue La Bruyère. L'homme tardant à venir, on était anxieux ; Grivot eut bientôt pris un parti héroïque : avec cette énergie du cœur qui décuple les forces, il enlève sa femme dans ses bras, franchit l'intervalle au pas de course et atteint le but sans faiblir un instant, plutôt soutenu qu'accablé par son cher fardeau.

Alors, comme un malheur n'arrive jamais seul, c'est une sœur de Grivot, atteinte elle-même d'un mal implacable, qui vient leur demander asile avec son enfant, et qui, au bout de quelques semaines, s'éteint entre leurs bras. Ils n'avaient pas de quoi faire enterrer décemment la pauvre femme, et s'en désolaient : tout le monde leur fit crédit. Un enfant de quatre ans restait à leur charge ; il avait été adopté d'avance par la bonne Laurence, dont le cœur fut, durant toute sa vie, tourmenté du besoin de la maternité.

Dans ce Paris affamé, il fallait pourtant vivre, et durer autant que possible. Les *Matinées litté-*

raires de M. Ballande, où les Grivot s'étaient depuis quelque temps fait une place, leur offraient de médiocres ressources ; on fut pourtant heureux d'en profiter. Ce fut elle-même, je crois, Mme Grivot qui eut la première idée de monter *la Fausse Agnès* de Destouches, et qui en fit faire la proposition au directeur de ces matinées. Elle y jouerait le rôle d'Angélique, projet audacieux, magnanime, vu l'étendue de ce rôle et la diversité de tons qu'il exige ; mais l'artiste trouvait là une superbe occasion de prouver la souplesse de son talent. En effet, Mme Grivot s'y montra sans contredit actrice de premier ordre ; mais, voyez la malchance, la représentation avait lieu, dans cette ville assiégée, bombardée sans relâche, le 2 janvier[1], jour d'autant plus lugubre qu'il substituait aux réjouissances de famille les privations de toute espèce, et les faisait sentir d'autant plus cruellement que les enfants, victimes innocentes sevrées d'étrennes comme de bien-être, subissaient la nécessité de toutes ces privations sans la pouvoir comprendre. Néanmoins la recette,

1. Pendant la nuit du 31 décembre au 1er janvier et la matinée de ce jour, le feu des Allemands n'avait pas cessé un seul instant.

qui pouvait s'élever en temps calme au maximum de 3,000 francs, atteignit le chiffre de 2,300. Le public, point essentiel à noter, n'en avait pas moins applaudi chaleureusement l'intéressante Isabelle. La presse, un peu clair-semée dans la salle, estima par ses principaux organes que l'épreuve était décisive. « Voici donc, s'écriait M. Francisque Sarcey, une malheureuse jeune femme à qui, en sept ans, on n'a pas trouvé trois rôles; elle joue une pauvre fois, sans répétition aucune, un personnage de l'ancienne comédie classique, et elle y est remarquable! Que lui faudrait-il pour conquérir une autorité considérable sur le public? Jouer souvent et de bons rôles; mais il est clair que, si on la laisse se morfondre dans son coin, c'est une force perdue. » Ces observations si justes furent perdues elles-mêmes. Il y avait comme un parti pris de ne pas utiliser cet incontestable talent.

Cependant, Mme Grivot eut, aux mêmes *Matinées Ballande*, la bonne fortune de jouer dans *le Mariage de Figaro*, le personnage de Chérubin. Elle en fit, avec son esprit, l'impétuosité de ses mouvements et, « ses yeux de feu, » pour parler comme Théodore de Banville, « le plus malicieux et le plus embrasé des pages. » La salle entière l'applaudit avec transport, et lui fit bisser, puis *trisser* la fameuse romance « Mon cœur soupire », qu'elle chantait sur la musique de Mozart. Nul ne se souvenait d'avoir entendu ces couplets rendus par une voix si délicieuse et avec une telle intensité de sentiment.

Tous les rôles semblaient familiers à cette organisation d'artiste, réellement exceptionnelle. On la vit, sous la *Commune*, aux *Matinées du Vaudeville*, aborder, avec une aisance pleine de charme, le rôle délicat d'Éliante dans le *Misanthrope*, et le marquer de sa gracieuse empreinte personnelle. C'est alors que Régnier, de la Comédie-Française, lui demanda avec quel maître elle avait travaillé. « Maître, répondit-elle, je regrette de ne pas avoir travaillé ce rôle avec vous; mais j'ai toujours travaillé sans maître. »[1]

Sous le régime de la *Commune*, les petits Grivot, serrés de près par le besoin, et très affectionnés de leurs camarades, eurent l'heureuse inspiration de monter, avec quelques-uns de

1. S'il est vrai, comme cela semble résulter d'une page de sa correspondance, que Régnier lui donna quelques leçons, ce fut sans doute à la suite de cette rencontre.

ceux-ci, le mélodrame populaire du père Dennery, la *Grâce de Dieu*. Les Parisiens, pensèrent-ils, après avoir tant souffert d'évènements tragiques, ne peuvent manquer de s'intéresser à une action simple, à l'expression de sentiments tendres et de caractères primitifs. Ils se firent, en conséquence, dûment autoriser par les autorités qui administraient alors les Beaux-Arts et la police municipale, et ils furent assez heureux pour voir leur entreprise hardie, peut-être même téméraire en de telles conjonctures, réussir à souhait pendant trente représentations, qui ne prirent fin qu'à l'entrée de l'armée de Versailles dans Paris. Mme Grivot, tout naturellement, s'était accordé dans la pièce le rôle principal, celui de Marie, créé jadis, avec un grand succès populaire, par Clarisse Miroy. La nouvelle interprète donna au personnage une physionomie plus touchante, plus de variété dans le pathétique et plus de vérité dans le costume. Son cri d'angoisse, au 4e acte, remua les assistants jusqu'au fond des entrailles, et je n'y saurais penser, même encore aujourd'hui, sans en entendre l'écho au-dedans de moi. Comment, après ce cri, fut jouée la scène de la folie, cela ne s'exprime pas : l'artiste y fut sublime.

Quant aux recettes, elles furent si abondantes que les associés, appartenant tous au théâtre de la Gaîté, payés au prorata de leurs appointements, en furent remis à flot jusqu'au retour de l'administrateur en titre, qui, comme bien d'autres citoyens, était allé au loin chercher un abri pendant la tempête.

A la même époque et sur le même théâtre, ayant accepté par dévouement le rôle de Victorine dans le *Philosophe sans le savoir*, rôle si délicat et si difficile dans sa mystérieuse tristesse, elle plut aux amateurs par l'habile et savante discrétion de son jeu. La scène de la montre fut surtout remarquée, pour la façon dont furent dits ces simples mots : « *Qu'à moi. — Qu'à lui ?* » On s'en souvenait encore deux ans après, à la reprise de 1874. « Ce rôle de Victorine, écrivait un critique fort connu, est joué par Mme Grivot avec une grâce pénétrante, une émotion communicative, et le *qu'à moi* m'a remué profondément[1]. »

1. H. de Lapommeraye.

V

Époque de transition. — Pérégrinations du couple Grivot.
Fuite en Égypte.

Nous arrivons à une période de transition, où Mme Grivot disparaît pour quelque temps des scènes parisiennes. Elle s'en va d'abord, avec son mari, faire une tournée dans le Midi, donnant des représentations à Marseille, à Toulouse, à Cognac, à Toulon, à Carcassonne, à Béziers, à Tulle, etc., bientôt même hors de France. En tous lieux, cela va sans dire, elle et lui sont applaudis, fêtés par le public et par la presse. A chaque station, les journalistes renchérissent sur le précédent confrère. Je m'interdis néanmoins toute citation, afin de ne pas surcharger cette étude de détails que le lecteur, au point où nous en sommes, jugerait avec raison superflus.

Rentrée à Paris, Mme Grivot n'y fit qu'un assez court séjour. Le vice-roi d'Égypte Ismaïl-Pacha appelait au Caire une troupe d'acteurs, cueillis sur plusieurs scènes, dont elle et son mari formaient le noyau principal, avec Mlle Rousseille, Delannoy, etc.

Ils devaient donner, dans une période de six mois, sur le *Théâtre du Vice-Roi*, des représentations de comédie, de drame, d'opérette, d'opéra-comique. Il n'y manquait que la tragédie et le grand opéra, pour être universelle. Ce théâtre devait être administré, au nom du khédive, par une sorte de surintendant spécial, nommé Granet-Bey, pour impresario.

On partit de Paris, au mois d'octobre 1872, par le chemin de fer de Lyon, et l'on arriva tout d'une traite à Marseille, qu'ils connaissaient déjà. Le lendemain, par un beau temps, on embarqua pour Naples. Là seulement on devait faire escale, pendant deux ou trois heures ; mais un accident survenu à la machine contraignit de s'y arrêter une pleine journée. Bonne fortune pour les artistes, qui en profitèrent, chacun à sa guise! Quant aux Grivot, la Baie, le Vésuve, les Lazarones n'obtinrent d'eux qu'un rapide regard ; ils avaient de plus hautes et de meilleures visées. Les voilà qui s'élancent à travers la ville, en *corricolo*, courant çà et là, dans une sorte d'affollement, des quais au Palais du Roi, du Palais du Roi au musée Bourbon, du musée Bourbon à la Cathédrale, de la Cathédrale à d'autres églises, des églises aux théâtres (San Carlo, San Fernando), enfin à toutes les curiosités renommées qu'ils pouvaient atteindre. C'était le moyen de ne rien voir; mais ils cherchaient des impressions, et ils en prirent pour leur argent, ne redoutant rien plus que le signal du rembarquement.

Ni la rue de Tolède, ni les *larghi* plus ou moins spacieux, ni les lazarones plus ou moins authentiques, ni le fort Saint-Elme ou le château del'Œuf ne les intéressent sensiblement; mais le musée national (musée Bourbon), où tout l'art antique semble renaître à leurs yeux, voilà ce qui les retient et les enchaîne, si fortement qu'il faut les en chasser. Ce qui les a le plus étonnés, c'est de rencontrer, à la sortie d'un collège, la robe et le chapeau de *Dom Basile* sur des corps d'enfants. Ce qui les a le plus impressionnés, elle surtout, ce n'est pas le sang de saint Janvier ni la superbe église (cathédrale) où son corps est enseveli; c'est, dans je ne sais quelle église, un *Christ au tombeau* sous un voile, d'un art très réaliste, qui lui fit verser des larmes et ployer les genoux au bord de la crypte. Quant à la population napolitaine, tant étrangère qu'indigène, si le pittoresque des costumes amuse ses yeux, la turbulente agitation et les cris tumultueux qui s'en élèvent de tous côtés fatiguent ses oreilles. Elle s'en sauve autant qu'elle peut. Néanmoins elle quitta le pays avec un long soupir de regret.

Rembarqués pour Alexandrie, Mme Grivot et ses compagnons ne laissèrent pas, comme on le pense bien, d'égayer la traversée, en mêlant à tout leur bonne humeur et les saillies plus ou moins spirituelles qui sont, pour ainsi dire, de tradition parmi les acteurs désoccupés. Laurence y prenait part surtout avec son bon sourire et, de temps en temps, avec son bon esprit. Seulement, aussi de temps en temps, elle montait sur le pont, pour respirer la brise et plonger de longs regards dans le profond azur de la mer et du ciel.

On vogua du reste tranquillement, sans aucun incident de quelque importance, jusqu'au terme du voyage. L'émotion commença seulement en vue de la colonne de Pompée et du port d'Alexandrie ; mais elle changea promptement d'objet. Ils voyaient venir au-devant d'eux, sur des barques luttant de vitesse, une nuée de moricauds de toute nuance, qui en un clin-d'œil eurent escaladé le navire, se précipitèrent sur les bagages, les enlevèrent à bras sur leurs têtes et sur leurs dos, avec si peu de précaution qu'ils faisaient trembler et crier les passagers, à chaque colis qu'ils venaient d'attraper. Songez que Mme Grivot avait toute sa fortune, robes, costumes, linge, bijoux et le reste, dans plusieurs caisses qu'elle voyait dispersées, en diverses mains, au-dessus de l'abîme, et qu'elle suivait des yeux dans des transes inexprimables ! Très heureusement, et très étonnamment, elle en fut quitte pour la peur.

La troupe des comédiens français du Vice-Roi n'avait rien à faire à Alexandrie : ils traversèrent, sans s'y arrêter,

> Cette étrange cité qui meurt dans le repos
> Entre un double océan de sables et de flots.

Arrivés au Caire, en chemin de fer, on se casa chacun à sa guise. Les Grivot habitaient un quartier arabe. La troupe du *Théâtre français* jouait trois fois par semaine, sans presque répéter, et l'on visitait, aux heures perdues, tout ce qu'on pouvait voir dans la ville et hors la ville : les mosquées d'Assan, d'El-Moyed, etc., le Puits de Joseph, le port de Boulak et son musée, les Pyramides, le Sphinx, le Temple de Memphis, perdu dans les sables où la ville entière a disparu. Mais en somme, l'archéologie n'étant pas leur affaire, les Grivot ne s'amusèrent pas à recueillir des notions plus ou moins conjecturales sur les monuments et inscriptions. En revanche, ils savourèrent délicieusement les vives impressions qu'ils recevaient de ce coin de terre orientale et des prodigieux ouvrages de l'homme, qui, depuis des siècles problématiques, le couvrent de leurs débris.

Leur impression du désert ne saurait s'exprimer, si ce n'est peut-être par la musique de Félicien David, dont Laurence se souvint à propos pour renouveler son hommage à ce maître orientaliste, sous le ciel même où il en avait reçu l'inspiration. Les grandes pyramides de Ghizé,

> Élevant jusqu'aux cieux la pompe du néant,

ne laissèrent pas de produire sur elle un grand effet, qui, toutefois, fut plutôt celui d'un suprême étonnement que d'une solennelle admiration. Le Sphinx colossal, avec son profil mutilé de Déiphobe nubien, la fit éclater de rire. Elle éprouva pourtant le désir de revoir les mêmes lieux pendant la nuit, et s'y rendit avec Grivot, par un mystérieux clair de lune, tout en frémissant aux cris des chacals ou à la rencontre de quelque indigène. Justement, tandis qu'ils se reposaient au pied de la pyramide de Chéops, ils virent venir vers eux deux arabes gigantesques, dont la fière allure leur parut d'abord menaçante. Grivot eut la présence d'esprit de leur commander de s'arrêter, sur un ton et avec un geste de suprême autorité, auxquels ils obéirent. L'un d'eux, après avoir un instant parlementé avec lui, finit par offrir à ces « nobles étrangers » de faire sous leurs yeux, moyennant un *napoléon*, l'ascension du monument. Grivot lui octroya une belle pièce de 2 fr., que l'homme s'empressa d'accepter et de gagner loyalement, en grimpant au pas de course jusqu'au sommet, et en redescendant comme une avalanche, pour l'amour de l'art, sans s'être fait aucun mal. Laurence Grivot, en les quittant, respira d'un double et triple soulagement.

La jeune femme voulut compléter la série de

ses excursions par une sorte de pèlerinage à un lieu dit l'*Arbre de la Vierge*, parce qu'on y voit un arbre plusieurs fois séculaire, qui est censé avoir prêté son ombrage à la Sainte Famille fuyant la colère d'Hérode. Ils s'y abritèrent eux-mêmes, quoiqu'indignes, et Laurence en détacha un rameau pour garder en souvenir de cette mystique station.

Cependant les jours et les mois s'écoulaient. On écrivait à la famille et à un petit groupe d'intimes des lettres remplies de verve et de sentiment, dont je n'ai connu que de courts fragments, et qui furent détruites plus tard, selon l'expresse volonté de Laurence. La nostalgie avait fini par la gagner, ainsi que plusieurs de ses compagnons. Leur vie n'était pourtant ni triste ni pénible ; mais on était trop loin de Paris et de tout ce qu'on y avait laissé.

Sans nous arrêter aux détails de l'entreprise théâtrale, nous pouvons affirmer que la troupe des Comédiens français fit assez bien son devoir pour mériter et recueillir les félicitations du Vice-Roi. Celui-ci ne manqua pas une seule représentation, et donna toujours le signal des applaudissements, dont Mme Grivot eut sa belle part.

Elle eut, en outre, l'avantage de se faire distinguer par ses qualités personnelles, et considérer par la dignité de son attitude, en toute circonstance. Un soir qu'elle était venue au palais, pour jouer le *Passant* avec Mlle Rousseille, puis son monologue *Madame attend Monsieur*, il arriva que les artistes attendirent jusqu'à dix heures l'invitation d'entrer en scène : on les avait oubliés. Mme Grivot se plaignit amèrement à Dranet-Bey de ce manque d'égards. « Excellence, » lui dit-elle, « jamais en France les choses ne se sont passées ainsi. On y considère les artistes. J'ai eu l'honneur de jouer à la cour de l'Empereur; on s'y serait bien gardé de nous traiter comme vous venez de le faire. » Dranet-Bey s'excusa comme il put, rejetant cette inconcevable *indécence* sur la multiplicité de ses attributions, accrue encore par les tracas d'une fête : il s'agissait des noces d'une fille du Vice-Roi. L'offensée termina cette petite scène par la demande d'un bouillon pour elle et pour Mlle Rousseille, avant de monter sur les planches, ce qui fut accordé avec empressement.

Quelques jours après, vers la fin d'une nouvelle représentation, où Mme Grivot jouait *Ma-*

dame attend Monsieur devant un parterre de souverains et de hauts dignitaires ruisselants d'or et de pierreries, on vit défiler une procession de valets à turban, chargés de plats d'argent qu'on croyait destinés à la table du Vice-Roi. C'était le festin que Dranet-Bey, pour réparer sa bévue, avait fait préparer pour la troupe des Comédiens français. On le vit alors s'avancer vers la *dame* qui n'attendait pas ce *monsieur*-là, et lui offrir galamment son bras, pour la conduire à table. L'artiste, avec une belle révérence et force remerciements, lui répondit en ces termes : « Pardonnez-moi, Excellence ; mais je ne soupe jamais. » — Cependant, je croyais,... il me semblait que vous m'aviez dit... — Mais, Excellence, je ne suis pas seule ; mes camarades voudront peut-être bien accepter. Quand j'ai réclamé l'autre soir, c'était pour eux autant que pour moi. » Cela dit, et après une dernière révérence de grand premier rôle, Mme Grivot alla prendre le bras de son mari, qui l'emmena souper modestement chez eux.

Quelle est la moralité de cet épisode ? Tout uniment, selon moi, c'est que Laurence Grivot, Française et Parisienne, ne pouvait souffrir, au

Caire, non plus qu'à Londres ou à Berlin, que l'on manquât à des artistes français. La leçon fut bien donnée, avec dignité, avec tact et avec esprit, tout à la française.

Heureusement le temps avait marché, et l'on touchait au terme de l'engagement. Ce fut avec une indicible joie qu'on prit congé d'*el signor* Dranet et de la terre des pharaons. L'exil n'avait pas été long, six mois! mais c'était encore trop pour Laurence. En approchant d'Alexandrie, on poussa des cris d'enthousiasme et l'on pleura de joie, à la vue des couleurs nationales flottant au-dessus du navire qui les attendait en rade. Mme Grivot fut la première des femmes à s'embarquer. On fila droit sur Marseille, où l'on prit immédiatement la voie de fer pour la terre promise, vulgairement appelée Paris.

VI

Succès de Madame Grivot dans l'opérette, à la Renaissance et aux Bouffes Parisiens.

Au retour de cette *fuite en Égypte*, qui leur avait procuré d'assez jolis profits, Mme Grivot et son mari trouvèrent chacun un engagement à la *Gaîté* (septembre 1873), sous la direction de Jacques Offenbach, en attendant leur passage à la *Renaissance*. Sur le premier de ces deux théâtres, elle joua en excellente comédienne, dans la *Permission de dix heures*, ancien vaudeville rajeuni par la musique d'Offenbach, le rôle de Nicole; dans le *Mariage aux lanternes*, celui de Catherine, recueillant dans chaque rôle autant d'éloges que d'applaudissements, pour son chant comme pour son jeu.

Ce fut bien autre chose quand elle parut à la

Renaissance, dans *La Jolie Parfumeuse*, d'Hector Crémieux et Jacques Offenbach, sous le travesti de Bavolet, qui enfin la mettait en évidence. Toute la presse à l'envi célèbra son succès ; Mme Théo ne venait qu'après. « Voilà, disait-on de la première, une vraie comédienne, et qui ne passera pas comme ces gelées blanches qu'on appelle des déjeuners de soleil ! Elle est de plus excellente chanteuse, et dit le couplet avec autant d'esprit que le dialogue[1]. »

Après la 60e représentation de cette opérette, Mme Grivot tomba malade (12 janvier 1874), et fut remplacée par Mlle Marietti. Le 15, on annonçait du mieux dans son état, et le 22, après dix jours de repos, elle reprenait courageusement son rôle. « Quand je pense, disait dans le *Figaro* le critique Vanloo, que cette malheureuse Mme Grivot quitte subitement un lit de malade entouré d'un horizon de soins et de potions, pour se retrouver subitement dans un veston Louis XV, avec des courants d'air et une rampe qui brûle les yeux, je ne puis m'empêcher de frémir et de lui recommander d'être prudente. »

1. Deulin de la Mouzelle, dans le *Pays*.

Sa rentrée fut saluée par des applaudissements enthousiastes. Tous les choristes et les figurants des deux sexes, rangés sur son passage, chacun un modeste bouquet de violettes à la main, fêtèrent son heureux retour : démonstration touchante en sa simplicité, dont elle fut profondément touchée. Mme Théo, dans le même temps, s'étant trouvée indisposée, fut remplacée par Mlle Granier, et rentra quelques jours après. L'*Opinion Nationale*, à cette occasion, rapporta un détail caractéristique, tout à l'honneur de Mme Grivot. Les *Théophilantropes* avaient à se faire pardonner les bravos et les applaudissements décernés à Mlle Granier ; aussi avaient-ils épuisé, pour la rentrée de leur idole, tout ce que la bouquetière Isabelle avait pu apporter de bouquets et de couronnes ! ! ! Ils en usèrent pour 1.500 francs. C'était une pluie de fleurs continue, que Mme Grivot, en bonne camarade exempte de jalousie, ramassait elle-même et présentait en détail à la *diva*. Celle-ci n'en laissait pas moins paraître sur son front un reste de nuages. »

A la 100e représentation de la pièce, nouvel incident, digne de faire suite au premier. Les fleuristes avaient reçu de la belle jeunesse vouée à ce genre d'ovations des commandes de bouquets monstres et de couronnes à l'avenant, qu'on supposait, du moins en partie, destinés à Bavolet, à titre de réparation. Il n'en fut rien pourtant : pas un bouquet, pas une fleur ne lui fut adressée. Il y eut toutefois une exception, due à un homme de goût, qui n'était pas de la bande, cela va sans dire. Cet inconnu[1], qui avait suivi des yeux l'impudente démonstration de ces petits messieurs, d'une part, et d'autre part, la muette et spirituelle réplique de la bonne Laurence, ramassant un à un tous ces paquets de fleurs et les présentant à l'idole, finit par envoyer une ouvreuse lui quérir un bouquet vengeur, et, sitôt qu'il l'eut, se dressant au bord de sa loge avec ce bouquet à la main, le lança, par manière de protestation, aux pieds de l'éminente artiste.

Mme Grivot se dédommageait de ces vilenies par des procédés contraires. Voici ce que raconta dans le temps le *Journal illustré* : « Dernièrement un commissionnaire apporte à Offenbach un paquet qu'il dépose mystérieusement sur le

1. Un heureux hasard nous l'a fait connaître depuis; mais il ne désire pas être nommé.

4

bureau, sans souffler mot. Intrigué, le maestro se lève, défait le colis, et y trouve un délicieux porte-cigares petit bronze, garni de londrès, représentant un cheval tout harnaché devant sa mangeoire. Aucune carte n'accompagne l'envoi, Pourtant, en tournant et retournant l'objet. Offenbach découvre une inscription gravée; il prend son lorgnon et lit ces mots :

SOUVENIR DE LA BELLE PARFUMEUSE
A JACQUES OFFENBACH
BAVOLET RECONNAISSANT

Oui, le cadeau venait « de la toute charmante et gracieuse Mme Grivot, » qui voulait par ce présent remercier le *maëstro* du joli rôle qu'il lui avait confié et qu'elle tenait avec tant de talent. Offenbach, charmé, ne revenait pas de sa surprise : « C'est la première fois, dit-il, depuis trente ans que je fais de la musique pour le théâtre, la première fois que je reçois un cadeau d'un artiste. Dieu sait pourtant combien j'en ai lancés! » (A. D. B.)

Dans *Les Rendez-vous bourgeois*, on trouva que Mme Théo représentait maigrement le personnage de Louise. Mme Grivot, dans la même pièce, jouait fort allègrement le rôle du petit Charles, et y obtenait un succès complet; « succès durables, ajoutait le critique, parce qu'ils sont dus à un talent sérieusement acquis. »

Dans *Bagatelle*, petite opérette dont Offenbach avait écrit la musique sur des paroles d'Hector Crémieux et Ernest Blum, Mme Grivot détaillait le rôle de Planteville (encore un travesti) avec sa finesse habituelle, et chantait un récit, commençant par « Chez maman » pour finir dans l'omnibus de Suresnes, qui était de la plus divertissante fantaisie. Mme Judic fut acclamée et Mme Grivot conquit une fois de plus les sympathies du public. « S'il nous fallait faire une comparaison entre ces deux artistes, écrivait le critique de *la Liberté*, nous dirions que Mme Judic a plus de charme et Mme Grivot plus de talent. » Mais ce talent lui-même n'était-il pas charmant? Non contente d'avoir été jusqu'alors une excellente comédienne, elle devenait une des chanteuses favorites du public.

Francisque Sarcey, néanmoins, déplorait qu'elle eût *versé* du côté de l'opérette, et je fus toujours du même avis. « Je l'ai vue débuter celle-là, disait l'éminent critique en père grondeur, et nous ne lui avions épargné ni les encouragements ni les éloges. Je sais que, pour ma part, chagrin de voir un talent si fin languir sans emploi, je lui arrangeai quelques occasions de se produire dans le vieux répertoire, aux *Matinées* de Ballande. Mais on joue si peu la comédie, de notre temps!... Il me semble qu'il y avait pourtant en elle de l'étoffe pour quelque chose de plus et de mieux. »

Le maître avait raison. L'opérette, en somme, est un genre faux, et le moins français de tous les genres. Jadis M. J.-J. Weiss (1882), en combinant fort plaisamment son esprit subtil avec sa très réelle érudition, feignit de vouloir faire remonter ce genre-là au bon Homère (Homère se parodiant lui-même, sérieusement?); mais soyez sûr qu'il n'y tenait pas autrement. M. Weiss, mieux que personne, sait que le génie grec, y compris celui d'Aristophane, n'était pas complice de cette invention, bien qu'elle lui empruntât ses personnages. L'opérette ne pouvait naître et s'acclimater en France sous d'autres auspices que ceux d'un Offenbach et d'un troisième empire.

Oui, l'on joue peu la comédie de nos jours! La pauvre enfant était toujours prête à la jouer;

mais, les rôles ne venant pas de ce côté, elle dut se rejeter sur ce qu'on lui offrait, résolue d'en tirer une nouvelle preuve de la flexibilité de son talent, et de quoi vivre, en attendant mieux. Hélas! elle en faillit mourir, et la santé ne lui fut jamais rendue. C'est l'opérette qui l'a tuée!

Par malheur le courage était toujours, chez les Grivot, de quelques degrés au-dessus de leurs forces. Pendant l'été, au lieu de prendre un repos nécessaire, ils allèrent donner des représentations au Havre, puis à Deauville, et se préparaient à jouer sur un des théâtres de Bruxelles. Heureusement, ils durent revenir à Paris pour la réouverture des Bouffes, fixée au commencement de septembre, avec *la Jolie Parfumeuse* pour appât, comme si le succès en devait être inépuisable. La presse toutefois parut s'en fatiguer, et se montra quelque peu maussade envers la diva favorite, dont le nom, primant obstinément sur l'affiche celui d'une autre artiste, contraignait celle-ci à reprendre chaque soir son rang supérieur en scène.

Quant aux auteurs de cette œuvre légère, ils avaient obtenu des résultats trop lucratifs pour ne pas exploiter la vogue, en poursuivant leur veine dans quelque invention du même genre. Hector Crémieux passa la plume à M. Albert Millaud ; Offenbach se garda bien de lâcher le bon bout, qu'il tenait avec sa musique. Le 31 octobre de l'an 1874, parut pour la première fois au feu de la rampe une nouvelle opérette, sous ce titre étonnant : *Madame l'Archiduc.* Cette fois, « les deux grandes ouvrières du succès furent Mmes Judic et Grivot, » l'une dans le rôle de Mariette (Mme l'Archiduc), l'autre en capitaine Fortunato, officier de cour et de boudoir, qui était l'âme de la pièce. « Quel amour de militaire ! » s'écriait le *Monsieur de l'Orchestre.* « Le buste étroitement sanglé dans sa veste blanche au plastron rouge brodé d'or,... il faut la voir marcher la tête droite, commandant d'une voix brève ses hommes et leur faisant faire la manœuvre. Ce petit soldat est irrésistible[1]. » — « Jamais capitaine de dragons ne fut plus crâne », disait la *Patrie.* — Personne ne joue les travestis aussi bien qu'elle, » reprenait la *Liberté.* — « La voilà passée étoile de première

1. *Figaro* du 2 novembre 1874.
2. De Thémines, 3 novembre.
3. V. Joncières, 3 novembre.

grandeur, dans un théâtre qui en compte déjà plusieurs, » ajoutait le *Soir*[1]. L'auteur même de la pièce, M. Albert Millaud, le 10 décembre, lui en adressait un exemplaire, avec cette dédicace :

> Je vous avais fait capitaine;
> C'est un grade qui n'est pas mal;
> Mais, pour votre valeur en scène,
> Je vous proclame général.

Enfin, et pour tout dire de ce succès, le grand dessinateur A. Grévin fit de spirituelles illustrations de la pièce, dont une représentait Mme Grivot-Fortunato obligée de monter à cheval tous les soirs, avec Mme Judic et Daubray, « pour recommander le calme et la modération à une foule enthousiaste, qui ne se décidait à se disperser que fort avant dans la nuit, aux cris mille fois répétés de : *Vive Madame l'Archiduc!!!*

Paris-Journal, après quelques éloges mitigés, à l'adresse de Mme Judic, ajoutait ceci : « Quant à Mme Grivot, il faut bien qu'elle nous permette de le lui dire... elle doit s'attendre à renoncer bientôt à l'honneur de paraitre auprès de Mme Judic. Elle est trop élégante comédienne ;

1. Ch. d'Arnau, 3 novembre.

elle a trop d'esprit, de verve, de finesse et de grâce ; elle plaît trop au public, qui l'apprécie chaque jour davantage. Cela ne pourra pas durer longtemps. Il lui faudra prochainement s'ôter du soleil que la jalouse Molda croit fait pour elle toute seule. Elle a heureusement assez de talent pour trouver ailleurs un succès qui lui est désormais assuré partout où elle ira[1].

On lisait, à la même époque, dans une histoire anecdotique des théâtres de Paris, intitulée *Foyers et coulisses* : « Mme Grivot pourrait aussi bien être aux *Français* qu'aux *Bouffes*. C'est une comédienne de premier ordre. Maintenant *son nom est fait ;* il restera. » Ce mot ne rappelait-il pas celui de Sarcey : « Son trou est fait » ? Mais, las ! à cette heure même, le célèbre critique, gémissant de voir un si beau talent engagé dans cette voie pernicieuse des théâtres d'opérettes, revenait à la charge pour l'en éloigner. « Mme Grivot, disait-il, l'aimable et spirituelle Mme Grivot, à propos de qui j'avais exprimé mes regrets de voir tourner à l'opérette une actrice qui nous avait si vivement charmés dans la comédie de

1. *Paris-Journal*, 3 nov. 1874. — Signé : FRÉDÉRICK.

genre, m'écrivait, il n'y a pas bien longtemps, qu'elle aussi regrettait de s'être engagée sur cette pente, qu'elle sentait le vide de ce genre, qu'elle retournerait un jour aux théâtres de ses débuts. — On dit cela, et puis autant en emporte le vent ; on accepte un rôle dans *Madame l'Archiduc*, on y est comblée d'éloges par toute la presse, d'applaudissements par le public, et l'on en prend son parti. Encore une que le Minotaure aura dévorée sans en laisser miette ! [1] »

En somme, l'opinion générale de la presse et celle du public intelligent, qui pense et qui juge, étaient bien d'accord sur ce point : Mme Grivot n'était pas à sa place. De plus, dans ce milieu subalterne, elle subissait, comme on vient de le voir, l'humiliation de ridicules cabales, en faveur de rivales indignes d'elle. En présence de tels faits, on se sent envahi malgré soi par d'amères réflexions sur le mal que font à l'art et aux vrais artistes, par cette triste dépravation du goût et de l'esprit français, de jeunes messieurs bien mis, appartenant à d'honorables familles, qui s'imposent, bruyamment et impudemment, au public et

1. *Le Temps*, 16 novembre 1874.

aux artistes. L'art, à vrai dire, n'est pas sérieusement compromis par leurs indignes préférences ; mais le sens esthétique et le sens moral des masses en sont dévoyés pour un temps. L'un et l'autre subissent des éclipses et des perturbations qui ont leurs contre-coups chez les individus, dans les familles. Songe-t-on, d'ailleurs (qui donc y songe ?) que les vrais et honnêtes talents, qui font chaque soir la joie et l'amusement de ces familles, ne se sont pas formés sans de longs et fatigants travaux, et qu'enfin le métier use son homme d'autant plus promptement que ses efforts sont plus contrariés ? Ce n'est donc pas sans inhumanité, voire sans quelque lâcheté, qu'on risque ainsi de les déconcerter.

A la trentième représentation de *Madame l'Archiduc*, c'est-à-dire en plein succès, Laurence Grivot tomba gravement malade. Pour que la pièce ne quittât pas l'affiche, on essaya successivement cinq ou six actrices sur ce rôle difficile de Fortunato. Quand on s'avisa de reprendre la pièce en 1876, ce rôle, auquel s'attachait, comme un mauvais sort, le souvenir écrasant de sa créatrice, fut offert à Mlle Paola-Marié, dont la direction ne put vaincre les hésitations qu'à prix d'or, sans autre avantage que de rendre possibles quelques pâles représentations de plus.

Hélas ! la comédienne si peu remplacée gisait pour longtemps sur un lit de souffrance : ce rôle de Fortunato l'avait épuisée. Après deux années entières de maladie, elle dut en prendre une troisième pour sa convalescence. Quand elle reparut, ses cheveux étaient blanchis ; sa taille même avait changé dans d'étonnantes proportions, étendue en tous sens. Cependant, comme on venait d'organiser un bénéfice à Dieppe, pour l'orphelinat de N.-D. des Flots, elle voulut en être, et c'est par cette représentation de charité qu'elle fit sa rentrée au théâtre, à côté de son mari.

VII

Madame Grivot au théâtre de la Gaité et aux Variétés.

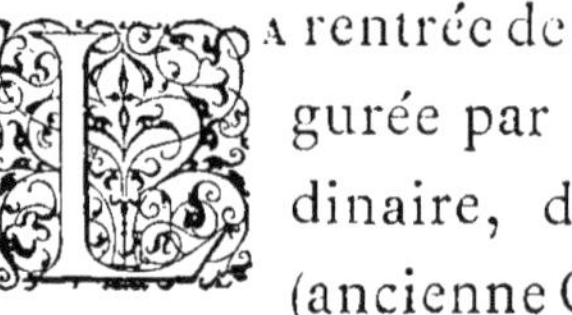
La rentrée de Mme Grivot à Paris fut inaugurée par une représentation extraordinaire, donnée au Théâtre lyrique (ancienne Gaîté), au mois de mars 1877. On y vit concourir, avec un empressement fraternel : Mmes Judic, Engalli, Marcelle ; Mlles Legault, Dalton, Parent, Théodore; MM. Delaunay, Joumard, Febvre, Achard, Bouhy, Michot, Daubray, Christian, Grivot, Engel, Lepers et Angeac. La bénéficiaire, Mme Grivot, jouait pour sa part le principal rôle dans les *Brebis de Panurge*, et disait une poésie de Murger : *Rose et Marguerite*. On a vu rarement une représentation diurne réussir aussi brillamment. « La salle était comble ; les autres spectacles du même

jour s'en ressentirent, sauf le *Concert populaire* du Cirque-d'Hiver, dont le programme était consacré à la mémoire de Beethoven ». On fit cette remarque dans la presse que « de notables personnages, arrivés un peu tard, n'y purent trouver un strapontin[1] ». La recette, sans augmentation du prix des places, atteignit le chiffre énorme de 7.200 francs.

Quelques jours après, Mme Grivot et son mari, avec Mme Judic, s'inspirant de l'esprit de solidarité et d'inépuisable dévouement que les vrais artistes pratiquent si volontiers entre eux, faisaient salle comble au théâtre Rossini, dans un bénéfice offert à un de leurs camarades.

Tout cela était fort honorable, mais ne procurait pas aux Grivot une situation. La situation vint le mois d'après.

Mme Grivot, en avril 1877, entrait au théâtre des *Variétés*, pour y tenir les rôles de Déjazet, et Grivot, presque à la même date, signait un engagement comme *Trial* à l'*Opéra comique*. L'actrice, en attendant mieux, reprit son rôle de Georges dans *Bagatelle*, et s'y vit accueillie du public,

1. *Figaro*, 20 mars.

5

presque assaillie, par des applaudissements à triple salve, « les bravos et les fleurs témoignant à la fois du plaisir qu'on avait à la voir revenue à la scène et des regrets qu'elle eût laissés, si, comme on l'avait craint un instant, elle s'en était pour toujours éloignée »[1]. La bonne Laurence en était presque aussi émue qu'elle l'avait été au Vaudeville de la place de la Bourse, le soir de son début dans *La Chercheuse d'esprit.* A la reprise de *La Vie parisienne* elle se distingua dans le rôle de « la gantière » par la façon finement spirituelle dont elle détaillait les couplets de « mon colonel » et chantait sa tyrolienne.

Les Bouffes ayant repris *Fleur de Thé*, elle s'y montra aussi agréable chanteuse que spirituelle comédienne.

En 1877 et 1878, Mme Grivot et son mari donnèrent des représentations en province, successivement à Royan, à Ham, à Valenciennes, et furent partout accueillis avec une faveur marquée. « Mme Grivot », disait un critique, après l'avoir vue dans *Madame attend Monsieur*, « est une comédienne qui voit, à travers le prisme de

1. *L'Évènement*, 14 avril 1877.

l'art, avec une sûreté de coup d'œil étonnante. Elle vous enchaîne à son jeu, etc. ». Je n'insiste pas sur ces éloges, dont la presse provinciale a souvent gratifié des artistes de moindre valeur.

Nous revîmes Mme Grivot, en décembre 1877 (?), à la Gaîté, dans les *Brigands*, de MM. Meilhac et Halévy, sous un travesti du meilleur goût. Elle chantait avec tant de finesse l'*allegro* du Courrier de cabinet, qu'on le lui fit bisser.

Elle reparut enfin aux Variétés, dans le rôle de Gentil-Bernard, qui avait été créé par Déjazet en 1848, et plusieurs fois repris par elle avec succès vers les dernières années de sa vie. La tâche de la nouvelle interprète ne laissait donc pas d'être lourde. La direction avait fait à la presse un service exprès, et les critiques, en assez grand nombre, « ornaient les fauteuils de l'orchestre ». « Empressons-nous » disait l'un d'eux, « de rendre à Mme Grivot la justice qui lui est due : elle a prêté au personnage de Gentil-Bernard la grâce, l'accent ému, l'entrain qui lui valurent tant de succès féminins. Impossible d'avoir plus de brio dans la ronde qui suit l'engagement du clerc dégommé dans les Dragons du Roi, impossible aussi de mettre plus d'âme et plus de chaleur dans la déclaration à la marquise »[1]. Toute idée de comparaison se trouvait encore écartée par le jeu bien personnel de la nouvelle interprète. Mme Grivot « joua le rôle à sa façon, sans marcher dans les souliers de personne; audacieuse dans la timidité, réservée dans la crânerie, elle sut faire de cette reprise presque une création[2] ».

De tels succès et de tels encouragements eussent contenté, fixé bien des *étoiles*. Laurence Grivot avait une plus haute ambition ; elle se sentait trop comédienne pour ne pas aspirer à l'un des théâtres où se joue le grand répertoire. Une occasion se présenta. M. de la Rounat, qui appréciait fort son talent, venait d'être nommé directeur de l'Odéon. Il combla presque ses vœux en lui offrant un engagement pour l'emploi des soubrettes. Mais comment faire? Elle en avait encore pour un an avec les Variétés. Il fallut composer. M. Bertrand se prêta de bonne grâce à la résiliation désintéressée de leur contrat, et c'est ainsi que, le 5 mai 1880, elle entra au second Théâtre-Français.

1. *Le Voltaire,* 26 novembre.
2. *Le Gaulois,* 26 novembre 1878.

En attendant Molière, elle accepta un rôle scabreux, et fort peu agréable, dans la pièce d'un jeune auteur, M. Charles Garand, intitulée *les Parents d'Alice* (septembre 1880). C'était une pièce naturaliste, voire d'un naturalisme outré, caressé trop complaissamment par l'auteur ; deux des personnages, les plus en saillie, confinaient à la charge. La pièce fut sauvée par le talent des inteprètes, surtout par ceux de ces rôles scabreux, Anatole Saxé et Phrasie Saxé, l'un joué par Porel, l'autre par Mme Grivot. Il fallait la voir, cette transfuge de l'opérette, il fallait voir avec quelle vérité saisissante la charmante et spirituelle artiste « déguisait sa grâce sous la défroque impure de cette femme Saxé, de cette cascadeuse de Mabille tombée des robes à volants du vice brillant dans la vieille robe de chambre de cette marchande de bric-à-bac « dédaigneuse de *la haute.* » Il fallait l'entendre justifier son goût pour la *Tour de Nesles* par ce motif tout personnel : « On y déchire les *grandes dames ;* ça me va ! » s'écriait-elle. Les spectateurs de l'époque savent seuls avec quelle intelligence, quelle finesse, quel tact et quelle mesure ce type réaliste fut rendu par Mme Grivot.

L'avenir s'ouvrait donc devant elle sous les meilleurs auspices, et la voie trouvée promettait de s'élargir par de nouveaux succès. Il lui était réservé, par exemple, de jouer le rôle de Suzanne dans le *Mariage de Figaro*. Ce fut une bonne fortune pour elle. Elle s'y fit remarquer et applaudir par sa verve et son entrain pleins de gaîté. Entre temps, la reprise du *Voyage à Dieppe* lui avait fourni l'occasion de produire ses multiples qualités sous un autre aspect, toujours avec un égal succès.

Dans le *Klephte*, de M. Abraham Dreyfus, elle joua en artiste, avec beaucoup de finesse et de gaîté, le rôle de Claire, la jeune femme qui n'a pas compris la poésie de Victor Hugo. L'*Institution Sainte-Catherine*, du même auteur, lui offrait le rôle difficile et ingrat d'une jeune veuve perfide (Mme Hardouin), dont elle s'acquitta pourtant à souhait. Certains critiques remarquèrent qu'elle y rappelait, par sa diction fine, nette et vibrante, la manière de Mlle Fargueil ; d'autres lui en firent un reproche, comme si ç'eût été une imitation. Mais, comme l'a dit Alfred de Musset,

C'est imiter quelqu'un que de planter des choux ;

et, s'il y a des imitations cherchées, il s'en rencontre aussi d'involontaires et de fatales, qui ne procèdent que du naturel, et qui s'imposent avec le caractère du personnage.

Ce fut justement le cas pour Mme Grivot, dans ce rôle, sa dernière création au second Théâtre-Français.

« Les années s'accumulaient. Elle avait débuté en 1863 ; nous étions en 1883, vingt ans après ! Le jour arrivait au galop où il faudrait changer d'emploi, et elle n'avait pas encore fait définitivement *son trou*. Elle n'avait pas encore appris son nom au grand public ; elle n'était toujours connue que d'un petit nombre d'amateurs. » Ces amateurs, à la vérité, étaient une élite ; mais il n'est de gloire que celle qui rayonne, ni de renommée durable sans popularité. Laurence Grivot en avait conscience et se morfondait. « Non, vous ne saurez jamais, vous qui n'avez pas pratiqué ce petit monde de l'art dramatique, quel flot de chagrin, de douleur et de colère s'amasse goutte à goutte dans l'âme d'une artiste qui a la conscience de sa valeur, qui travaille depuis des années en silence, qui se sent supérieure à telle camarade que la vogue a prise sur son aile, et qui continue de végéter, sans pouvoir donner sa mesure au public.

« Oh ! que j'ai vu dans ma vie de larmes versées ! que de cris de rage j'ai entendus ![1] »

1. Le Temps. Francisque Sarcey, chronique théâtrale du 9 juin 1890.

VIII

Madame Grivot au Gymnase.

Au mois de février 1883, Mme Grivot fit ses débuts au Gymnase, dans *Monsieur le Ministre*, comédie en 5 actes de M. Jules Claretie. L'auteur, pour la remercier de la façon dont elle avait composé le rôle de Mme Malhurel, et « pris son rang de comédienne » en faisant une *figure* de ce personnage épisodique, lui dédia un exemplaire de sa pièce portant ce jugement en tête du volume :

« Il n'y a pas de petit théâtre, quand il y a une « bonne pièce, disait Scribe ; il n'y a pas de « petit rôle, quand il y a un rare et grand talent. »

Cette artiste *de grand talent* avait conscience de sa valeur ; elle espéra toute sa vie que les portes du temple s'ouvriraient devant elle. Elles se seraient ouvertes, en effet, très probablement, si Laurence Grivot eût vécu un peu plus longtemps; car M. Jules Claretie, devenu directeur du premier Théâtre-Français, tenait en grande estime cette « comédienne éminente, qui fut une femme exquise, d'une rare intelligence et d'une haute vertu. » C'est ainsi qu'il en parle dans une lettre qu'il me faisait récemment l'honneur de m'écrire, et que je regrette de ne pouvoir citer ici tout entière.

Pendant les années qui suivirent, on remarqua dans la physionomie de Mme Grivot un changement sensible : elle avait pris du caractère et était devenue jolie. « Des cheveux blancs, savamment poudrés, illuminaient cette figure encore jeune; le sourire était charmant, doux et tempéré. » Telle nous la vîmes et l'entendîmes admirer, dans le rôle de la marquise du *Maître de Forges*, de M. G. Ohnet, rôle que personne au Gymnase n'eût pu jouer comme elle, le seul qui, à travers quatre cents représentations, ne fut jamais doublé, et qu'elle dut jouer même étant malade.

Mme Grivot, qui prenait alors résolûment l'emploi des mères « ne fut pas mieux servie, dans cette dernière évolution de son talent, qu'elle ne l'avait été auparavant : elle n'eut que des rôles épisodiques, et n'en rencontra pas un seul qui fût éclatant. » La presse, en face du parti pris évident de l'administration, sembla se décourager de la recommander. Quand on crut devoir encore la louer, pour l'acquit de sa conscience, ce ne fut guère plus qu'en traits rapides et, pour ainsi dire, en raccourci.

Quoi qu'il en soit, elle continua courageusement la lutte. A la reprise du *Roman d'un jeune homme pauvre*, qui se fit en janvier 1885 et fut redoublée en 1886, elle tint le rôle de Mme Aubry, et y fut irréprochable. Dans la *Sapho* d'Alphonse Daudet, en mars 1886, elle nous fit voir une tante Divonne d'une franche couleur locale, avec son bonnet de linge aux brides flottantes et « une pointe d'ail dans l'accent, » comme a dit le *Monsieur de l'orchestre*, « juste ce qu'il en fallait » pour ne pas gâter sa parfaite diction. Il ne lui manqua, pour tirer de ce rôle un succès marquant, qu'un peu plus d'étoffe pour être en scène plus longtemps.

Dans *Fromont jeune et Rissler aîné* (autre reprise), du même auteur, elle joua fort bien Mme Chèbe, qui n'était guère qu'une figuration ;

comme Mme Bonneval, dans le *Bonheur conjugal*. Et chacun de se demander, pour la centième fois, pourquoi on n'utilisait pas davantage cet incontestable et rare talent.

L'*Abbé Constantin*, au mois de novembre 1887, la mit un peu plus en vue, dans le rôle de Pauline, vieille servante du curé. Elle y parut en première ligne à côté de Lafontaine, avec une franchise de jeu et d'accent très personnelle, si juste, pourtant, qu'elle collaborait, comme on dit, avec les auteurs. Ce fut un gros succès pour elle et pour la pièce. Néanmoins, le succès bruyant alla naturellement à Mlle Magnier, dont le personnage, d'une sympathique excentricité, s'offrait revêtu de grâce et de jeunesse.

Au mois d'avril suivant (1888), on reprit au Gymnase la *Dora* de M. Sardou, et l'on confia à Mme Grivot le rôle de la marquise de Rio-Zarès, créé au Vaudeville par Mme Alexis. Laurence Grivot trouva pour cette figure exotique, proche parente de la comtesse polonaise de l'*Affaire Clémenceau*, une fantaisie d'allure et d'accent incomparable. C'était le type réalisé à souhait, avec une étonnante précision, de l'aveu de Koning même. Elle n'y eut pas moins de succès dans la note comique

que Mlle Tessandier dans la note cruelle. « Oh ! son aigrette jaune ! s'écriait le *Monsieur de l'orchestre*, j'en rêverai pour sûr... » On eût pu tout aussi bien rêver de l'accent, si bien approprié à la veuve de l'héroïque Alvar, qu'une marquise espagnole authentique en félicita chaleureusement l'artiste, par lettre autographe en bon castillan.

En 1889, elle fit, dans *Belle-Maman*, de MM. Sardou et Deslandes, le rôle sacrifié de Mme Filoche.

IX

Dernières années.

Le dernier rôle qu'elle a créé fut celui de Mme Fripier, « une sorte de Mme Cardinal gaie », dans *Paris fin de siècle*, rôle de 4e ou 5e plan, réduit aux proportions d'une figuration, à côté d'un vrai rôle tout à sa convenance, qui lui était en quelque sorte dérobé[1]. Eh bien! elle tira encore de ce ro-

1. Rôle de la marquise de Boissy-Godet, interprété en pure charge par Mme X... — Un critique fort connu demandait, le soir de la répétition générale, à l'un des auteurs le pourquoi de cette anomalie : « Que voulez-vous? répondit l'auteur; c'était notre idée à nous! mais l'autre artiste fait plus d'effet; c'est une étoile, une vedette. Enfin, quoi! — argument irrésistible! — Koning la préfère à Mme Grivot. »

(Voir la *Nation* du 9 juin).

Le public, à l'égard de ces substitutions, était d'accord avec la presse.

gaton un étonnant parti, par son jeu de physionomie. « C'est le sublime de l'art, disait Préville, que de se faire deviner sans prononcer une syllabe, et de *faire parler son silence* ». Mme Grivot possédait cet art au suprême degré : elle savait regarder, écouter et *entendre*, chose tant recommandée par Diderot; elle était, pour tout dire, continuellement en scène, et pouvait se vanter, comme Mlle Clairon, de « n'avoir jamais, dans toute sa vie d'artiste, négligé une situation, non plus qu'un mot ». Il y a vingt-cinq rôles dans la pièce, aucun ne fixait l'attention du public autant qu'elle ; elle les primait tous par la franchise de son jeu et la justesse de sa diction. « C'est la seule, ajoutait Francisque Sarcey, qui soit vraiment comédienne au Gymnase. » Son sourire à belles dents, qu'elle conserva jusqu'à la fin, exprimait et nuançait finement tout ce qu'elle ne pouvait dire. Aussi, le trait final, cette perle de la pièce, « Et nous, allons sabler la camomille ! » n'était-il pas plutôt lancé, que les applaudissements éclataient sur tous les points de la salle.

Je dois pourtant avouer que ce sourire, à l'une des dernières représentations, me parut un instant sentir l'effort et révéler une souffrance. En regardant le public des loges, je vis que j'étais seul à m'en apercevoir, et pensai que je m'étais trompé. C'était du moins un pressentiment ; car, étant allé, deux jours après, visiter mes amis, je la trouvai languissante, prenant du repos sur une chaise longue. Nous causâmes pourtant, et j'en vins à parler de la *Chercheuse d'esprit*, que je venais de relire. Elle s'épanouit au souvenir de son premier triomphe, parut s'y complaire, et joyeusement se mit à en chanter plusieurs ariettes, d'une voix à peine affaiblie, et toujours juste, tour à tour tendre et spirituelle, étonnamment jeune. Grivot lui donna plusieurs fois la réplique, chantant lui-même avec âme. Mes yeux cependant s'humectaient malgré moi ; je crus devoir expliquer mon attendrissement par le souvenir de ces duos d'amour et de jeunesse exécutés, vingt ans auparavant, par les mêmes voix, et auxquels j'assistais à travers un plafond. Ce fut une occasion pour rire un peu. J'en profitai pour m'enfuir.

Je revins quelques jours après. On parla de Victor Massé, que j'avais connu et aimé. Tous deux me chantèrent encore, lui un morceau de

Galatée, elle un autre de *Paul et Virginie*; sa voix défaillait un peu. Ils m'engagèrent à voir *Philémon et Baucis*, de Gounod. « Il faut voir cela, me dirent-ils ; cela vous plaira, pour sûr. » Je pensai en moi-même, et ils s'en aperçurent, que j'avais sous les yeux un avant-goût de la pièce, à condition que Baucis vivrait. « *Cela* s'est vu, leur dis-je enfin, et peut se revoir encore. » Ils se regardèrent en souriant; mais ce fut elle qui répliqua sans hésiter : « mais oui, M. Périer, mais oui ! » Grivot appuya aussitôt, avec la conviction du cœur, mais je compris qu'il était inquiet. Cette fois encore je m'enfuis, suffoqué d'émotion.

Cependant la pauvre Laurence, qui avait été toute sa vie vaillante et militante, voulait tenir la scène jusqu'au bout de son engagement, et l'y tint en effet, mais au prix de quels efforts ! Enfin il fallut céder et quitter son joli appartement du boulevard Voltaire, pour se retirer au village de Thomery, dans leur propriété de By, qu'ils avaient étendue et embellie, pour y finir en paix leurs jours. Les siens, hélas ! étaient comptés ; l'anémie cérébrale s'accentuait de jour en jour, et le dévouement ingénieux de son cher

Grivot ne put que lui adoucir moralement les souffrances d'un mal qui ne pardonne pas. Le 28 mai, je recevais de notre ami cette lettre désespérée :

« Mon bon monsieur Périer,

« Plaignez-moi. Je suis bien malheureux !!!

« La créature que j'aimais le plus au monde, ma chère femme adorée est TRÈS MALADE, et nous avons peu d'espoir de la sauver.

« Je vous embrasse affectueusement.

« Votre ami,

« GRIVOT. »

Et le 6 juin, j'apprenais à la campagne, par les journaux, que Laurence Grivot n'était plus. Le lendemain j'assistais à ses funérailles. Elles furent splendides et recueillies ; c'était, dans tout le village, un véritable deuil.

X

Derniers moments.

PENDANT trois jours et trois nuits, elle avait eu le délire et des visions intermittentes, où dominait l'idée d'oppression, de persécution. Un matin, elle crut avoir aperçu son directeur, M. Koning; c'était le bon docteur Hubin qui était venu faire sa visite. A ce moment, le souvenir d'une contrariété récente lui remontant à la tête : « Mais non, monsieur, mais non ! » fit-elle; « laissez-moi jouer la comédie ; j'habillerai bien votre personnage, et j'aurai du succès, malgré vous. » Une autre fois : « C'est fermé le Gymnase. A cette heure, mes bons camarades sont à Londres; ils ne savent pas, ils ne sauront jamais que c'est *Paris fin de siècle* qui m'a achevée. »

Elle avait toujours vu dans *Carmen* un rôle taillé pour ses moyens de comédienne ; souvent elle en rêvait. Un jour, en s'éveillant, elle fit à son mari cette étrange confidence : « Je viens de jouer Carmen ; je l'ai bien joué, mon Grivot, pas chanté comme Mlle Deschamps, non, mais joué, va ! »

Trois heures avant d'expirer, elle remarqua que les petits enfants du voisinage ne faisaient plus leur bruit habituel sur la place avoisinant la maison. « Si je vais mieux », dit-elle, « je veux qu'on leur fasse une petite fête..... Tout ce coin silencieux, c'est pour moi..... les marronniers s'agitent doucement, pour moi.....

Ainsi s'en est allée, après de cruelles souffrances, cette femme d'un mérite rare, supérieur à sa destinée, épouse adorée du meilleur des hommes, artiste applaudie sur tous les théâtres où elle a paru, nature sympathique à tous ceux qui l'ont connue, frappée dans la plénitude de son talent et le complet épuisement de ses forces.

XI

Obsèques de Laurence Grivot.

'AI dit que les obsèques de Laurence Grivot ont été splendides; elles furent encore plus touchantes. Du hameau de By au cimetière de Thomery, distant de près de trois kilomètres, les paysans sortaient de leurs demeures, le visage en deuil, et spontanément se joignaient au convoi. L'église était pleine de monde, avant que les invités y pénétrassent, et le cimetière parut petit pour contenir la foule.

De nombreux amis, la plupart appartenant au théâtre, étaient accourus de Paris. On distinguait parmi eux deux femmes, deux artistes, décorées de la Légion d'honneur, qui tenaient chacune un des cordons du poêle ? l'une était la reine des drames célèbres, Mme Marie Laurent, comme présidente de l'Orphelinat-des-Arts ; l'autre était l'illustre peintre Mlle Rosa Bonheur, comme amie de la défunte. Grivot suivait à pied, comme tout le monde, parlant beaucoup, surexcité et songeant à tout, nous étonnant par son courage voulu, surtout ceux d'entre nous qui ne connaissaient de son caractère que la vive intelligence et l'exquise tendresse. Artiste veuf d'une artiste, il avait voulu que la cérémonie religieuse rendît témoignage de son immense douleur. La nef de l'église disparaissait sous les tentures de deuil et le luxe des ornements. Le brave curé de Thomery en était presque scandalisé. Pendant la messe, plusieurs artistes de l'Opéra-Comique, camarades affectionnés de l'excellent Grivot (MM. Fugère, Delaquerrière, Fournets, Bernaërt, Piffaretti, Mlle Deschamps), exécutèrent, avec autant d'âme que de talent, les morceaux consacrés pour les messes funèbres. Leur émotion sincère gagna les assistants jusqu'aux larmes, et j'en vis couler sur de mâles visages. Au cimetière, M. Halanzier, président de la Société des Artistes dramatiques, retraça sommairement, avec une touchante simplicité, les incontestables mérites de l'éminente artiste et de la femme de bien. L'assistance, émue de sympathie pour la morte et de profonde pitié pour le survivant, fut lente à se retirer; on s'attendait mutuellement. Plusieurs groupes de femmes restèrent à prier, auprès de la fosse comblée.

Le lendemain, et chaque jour de la semaine suivante, on y porta des fleurs, surtout des roses, cueillies avec choix dans le vaste jardin de la famille, où elles étaient à profusion. La rose était la fleur favorite de la défunte. Des rosiers magnifiques et d'espèces rares formaient, dans l'enclos, des allées entières et toute une haie mitoyenne avec le jardin du maire. On s'y promenait, les yeux ravis, dans un air embaumé; et l'on ne s'y promène plus sans penser d'elle.

Quinze jours après, étant revenu, avec notre ami, visiter la tombe, j'y lus ces simples mots, gravés dans la pierre, Grivot ayant refusé, comme une dissonance au caractère de la défunte, toute inscription élogieuse :

MADAME GRIVOT
NÉE MARIE LAURENT
ARTISTE DRAMATIQUE
1843-1890

La pauvre Laurence était donc morte à quarante-sept ans.

XII

Condoléances.

Les lettres de condéléance affluèrent de tous côtés,la plupart empreintesd'une émotion toute personnelle. C'est bien à regret que je me détermine à ne citer que les noms de quelques signataires, tels que Mme Marie Laurent, MM. Claretie, Delaunay, Febvre, Sardou, Halanzier, Ricquier, Vizentini. La lettre de ce dernier, ami de tous les temps, qui avait vu les époux Grivot à l'œuvre pendant sa direction au théâtre de la Gaîté, mériterait d'être transcrite en entier; je ne saurais moins faire que d'en citer la fin. « On ne dira jamais assez », écrivait-il, « ce que fut votre chère et regrettée femme, sa vaillance, son courage dans la lutte, sa modération dans le succès, la bonté de son cœur, la sûreté de ses affections, son honorabilité, son esprit doux et fin, dont chacun était charmé, l'intelligence et le goût qui formaient la base de son talent : toutes ses qualités, si fermes et si brillantes, resteront à jamais dans la mémoire de ceux qui l'ont approchée, connue, aimée... Ah ! cher ami, pleurez toutes vos larmes, souffrez toutes vos douleurs ; mais vivez et travaillez, si vous voulez qu'elle vous sourie d'en haut. »

XIII

Simples réflexions.

Voila donc toute l'histoire positive et strictement véridique de l'artiste dramatique, nommée Laurence à ses débuts et devenue Mme Grivot. Cela peut suffire pour la curiosité ; ce n'est pas assez pour la conscience et pour l'opinion. Les faits ne sont pas seulement des faits ; ils ont un sens plus ou moins clair, et suggèrent des réflexions plus ou moins instructives. Personne assurément n'a pu lire ce qui précède, sans en faire de si naturelles à part soi, que je semblerais manquer de franchise en ne donnant pas ici un résumé des miennes. Il sera, j'ose l'espérer, conforme aux sentiments de tout lecteur désintéressé.

Qu'a-t-il donc manqué à Laurence Grivot pour

qu'elle réussît complètement, pour qu'elle atteignît le but rêvé par sa légitime ambition? On ne dira pas que ce fut le talent : les succès sont là, constants, aussi nombreux que ses rôles, quelques-uns éclatants, tous incontestables et incontestés. Vaudeville, comédie, opérette, drame, elle a tout joué, sur sept théâtres de genres différents, sans avoir été inférieure sur aucun. Le public, pendant vingt-sept ans, l'accueillit-il une seule fois froidement? Au contraire, il lui fut toujours sympathique; il l'estimait et la respectait, se plaisait à l'acclamer. Est-ce l'attention ou la sanction de la presse qui lui ont manqué? Mais les critiques, à ma connaissance, n'ont jamais parlé d'elle que pour la louer, sauf quelques avertissements bourrus que son plus constant admirateur, Francisque Sarcey, s'accuse de lui avoir *allongés* de temps en temps, et qu'elle prit toujours du bon côté[1]. Est-ce la beauté du visage? Je sais

1. Mme Grivot, en femme qui s'y connaissait, avait pris la *Chronique* de F. Sarcey pour thermomètre de l'effet produit sur le public à chacune de ses créations. LE TEMPS était le premier journal qu'elle consultait chaque dimanche soir. « M. Sarcey ne m'abandonne pas », disait-elle, « il m'approuve. Tout va donc bien : ne nous plaignons pas. »

que de beaux traits ne sont pas, en général, une condition négligeable au théâtre ; mais, en l'absence des autres qualités, celle-ci compte pour peu de chose, et, plus elle est correctement plastique, plus elle devient insipide à la longue, tandis qu'un talent supérieur fait passer aisément sur quelques irrégularités de détail. Que de laides ou de moins jolies qu'elle (car elle était charmante) ont réussi au théâtre, avant elle ou dans le même temps qu'elle ! Ce n'est certes pas par la pureté des lignes du visage que les Duchesnois[1], les Dorval[2], les Rose Chéri, les Desclée[3] et quelques autres encore vivantes ont ravi les spectateurs. Quant aux beautés pourvues d'un talent médiocre, le mieux est de n'en nommer aucune. En fin de compte, cette prééminence

1. Le critique Geoffroy disait de cette actrice : « Mlle Duchesnois est si bonne qu'elle en est belle ». Qu'est-ce à dire, sinon que la beauté d'expression est celle même de l'art ?

2. Un mot de cette pauvre Dorval, devant son miroir : « Je ne suis pas laide, je suis *pire.* »

3. Aimée Desclée, en qui Théodore de Banville voyait une autre Dorval, avait les yeux petits, des lèvres presque sans lignes, le menton court ; mais qu'importe ? « Ses traits n'étaient qu'un programme, dont l'âme et l'inspiration faisaient un poème. »

des qualités esthétiques sur les avantages physiques n'est-elle pas précisément l'indice révélateur de l'irrésistible vocation d'artiste? Qui fait l'artiste, si ce n'est l'âme ? Est-ce donc, je le demande, faire œuvre d'artiste que de s'exhiber tel quel, à la clarté des lustres, sous un costume qui déguise le moins possible la personne réelle ? C'est, au contraire, la personne réelle qui doit, le plus possible, s'assimiler à son rôle. Les anciens y avaient pourvu, en imposant aux acteurs des masques de convention. Cela coupait court aux prétentions et aux distractions étrangères à l'art.

Mais, encore une fois, que manqua-t-il donc à Laurence Grivot? A parler franchement, peu de chose : deux ou trois rôles de premier plan et quelque protection. Voilà le grand mot lâché ! Ah ! les protections! on sait ce qu'elles valent et ce qu'elles coûtent : cela n'est pas à la portée de tout le monde. Mme Grivot plaidait sa cause elle-même, devant le grand public, jamais à huis clos. Or, le public exprime librement ses préférences sur ce qu'il voit, mais il se désintéresse assez volontiers du reste ; tandis que le protecteur, ayant fait ses choix, les maintient ou les impose. C'est ce qu'on appelle décemment *la chance.* « Mme Gri-

6.

vot n'a jamais eu de chance. » En revanche, « elle est de celles qui ont traversé la vie de théâtre sans que jamais leur réputation ait été touchée de la moindre éclaboussure[1]. »

Que de pièces médiocres, que de méchants rôles elle a relevés, sauvés par son jeu, dont une autre qu'elle n'eût rien tiré, pas même essayé de tirer quelque chose! Elle savait donner une âme, de l'esprit et du sentiment aux parties les plus ingrates, à des rebuts. Comme Rose Chéri, « elle fascinait le public par son jeu gracieusement honnête. » Presque tous les rôles qu'elle a créés sont restés après elle impossibles, abandonnés, refusés d'emblée, surtout par les actrices de province, à titre de *pannes*. On en a été quitte pour supprimer ceux qui ne tiennent pas essentiellement à l'action, et, quant aux autres, pour mettre la pièce même au rancart. Laurence Grivot était une de ces artistes qui ne s'imitent pas. Comment se figurer, par exemple, dans le *Sacrifice*, un autre Namoun; dans la *Jolie parfumeuse*, un autre Bavolet; dans *Madame l'Archiduc*, un autre Fortunato; dans l'*Abbé Constantin*,

1. FRANCISQUE SARCEY, *Chronique théâtrale* du 9 juin 1890.

une autre Pauline, etc. Quand on a essayé de la doubler, quels fiascos, grands dieux ! Ç'a toujours été le sort des plus puissantes créations que de ne pouvoir pas être renouvelées. Tel le rôle du Marquis de la Seiglière, créé par Samson, de Célimène par madame Plessis-Arnoult, de l'huissier Loyal, par Coquelin; celui de Frou-Frou, par Mlle Desclée ; celui de Mignon, par Mme Galli-Marié, etc. J'en passe et des meilleurs, cela va sans dire. Même ressemblance, à l'égard des maîtres, pour la diversité et le contraste de leurs créations. Ceci ressort clairement de l'historique que je viens d'esquisser, et je n'ai plus à y insister : c'est l'évidence même. Émile Augier a dit cette belle parole : « Il faut que l'art nous fasse sortir de nous-même. » Quelle actrice est jamais sortie d'elle-même autant que Laurence Grivot, sous des aspects plus divers, avec plus de naturel et plus d'habileté? Quand elle représentait un personnage, elle semblait l'inventer ; tant elle était avisée et sagace à deviner les auteurs, dans ce qu'ils avaient eu ou dû avoir l'intention d'y mettre.

Aussi, je ne crains pas de l'affirmer, Mme Grivot était marquée pour la *Comédie-Française.* Elle n'avait cessé, dès sa prime jeunesse, d'étudier avec prédilection le *répertoire*, et c'était pour elle un délice d'aller entendre, dans leurs triomphantes créations, Mesdames Brohan, Plessis-Arnoult, Rachel, Reichemberg, Favart, Nathalie, Jouassin, etc. Elle disait purement le vers classique, non-seulement ceux de Molière, mais ceux de Racine et du grand Corneille. Ni Shakespeare, ni Sophocle ne lui étaient étrangers. Elle avait lu l'Œdipe-Roi dans deux traductions, l'une en vers, l'autre en prose, et il lui en était resté d'indicibles admirations pour le génie grec. Son goût et son talent la désignaient notoirement comme future pensionnaire de la maison. La critique théâtrale l'y appelait d'un commun assentiment. Plusieurs sociétaires n'attendaient que sa présentation au Comité pour lui faire un accueil fraternel, et l'on n'ignorait pas que M. Claretie lui était favorable « L'entrée de Mme Grivot à la Comédie-Française », me disait-il dans la lettre déjà citée, « bien qu'il n'en ait jamais été officiellement question, était pour moi une de ces pensées de derrière la tête qu'on exécute au moment opportun. » Ah! la pauvre Laurence, que n'a-t-elle pu lire, avant d'expirer, ces bonnes et loyales paroles!

Elle eût du moins emporté dans sa tombe un adoucissement à la grande amertume de sa vie d'artiste : « Amour-propre froissé !... Amour-propre blessé ! » Plaintes murmurées à plusieurs reprises, alors qu'elle se sentait mourir.

Madame Grivot n'eût pas joué les duègnes comme Mme Jouassin ; ce n'était pas son affaire ; mais, avec ses larges et franches allures, sa diction pure et sonore, vraiment classique, elle eût joué comme personne les vieilles servantes du répertoire, la Frosine de l'*Avare*, la Toinette du *Malade imaginaire*, la Dorine de *Tartuffe*, ou mieux encore Mme Pernelle, rôle qui l'avait toujours tentée. Si elle eût été admise, elle aurait demandé à débuter dansla pièce de M. Legouvé : *Par droit de conquête*. Et le rôle de Mme Georges aurait eu, ce jour-là, son interprète idéale. Dans la comédie dramatique, on aurait pu lui confier le rôle de Mme Brissot, de *Denise*, qu'elle a joué à Londres, ou celui de Mme Bernard, des *Fourchambault*.

XIV

Portrait de Laurence Grivot.

LAURENCE Grivot n'était pas grande; elle n'était pas petite non plus : on eût dit volontiers que sa taille variait à son gré, selon les personnages qu'elle représentait. D'autres artistes dramatiques ont eu le don singulier de produire semblable illusion sur leur public. Couderc, de l'Opéra-Comique, était courtaud dans les *Noces de Jeannette*, et grand dans le *Songe d'une nuit d'été*. L'ayant rencontré par hasard à une soirée, je lui fis part de mon impression, croyant parler à son frère. Il me tira de mon erreur, sans en paraître nullement étonné. Mélingue, dans *le Bossu*, était jeune et vieux, grand et petit tour-à-tour. Quand le violoniste Sivori s'avançait sur la scène, avec son instrument sous le bras et sa tête disproportionnée, c'était presque un nain : ce nain grandissait à vue d'œil, au branle de son archet. Paganini, aux prises avec son *Stradivarius* ou son *Amati* (je ne sais); Offenbach, enfourchant son violoncelle, nous ont fait voir de bien autres fantasmagories. Mme Grivot, quasi fluette dans les rôles jeunes, s'exhaussait adroitement pour les nobles dames, et s'arrondissait pour les mères. La nature lui avait donné des cheveux bruns; mais les blonds lui seyaient à ravir : aussi se poudra-t-elle de bonne heure. Ses yeux bruns, spirituellement expressifs, avaient plus de douceur que d'éclat. Sa bouche, découpée en arc tendu pour le trait, réalisait tous les sourires expressifs, mais plus habituellement celui d'une bonté accueillante et familière. Elle savait pourtant y substituer, au besoin, celle de la dignité et de la résolution. Dans ce cas, un grain de beauté, en sentinelle au-dessus de sa lèvre supérieure, donnait, par un léger frémissement, le signal d'une sage réserve.

Le reste de son visage était moins régulier qu'expressif; mais chaque expression y produisait une harmonie. Sa voix était une merveille.

Nous avons tous les oreilles rebattues de ce cliché de *voix d'or*, qui, après avoir été justement consacré par Racine, Boileau, La Fontaine, etc., à l'éloge de la Champmeslé[1], a été réédité de nos jours, par de moins illustres admirateurs, pour une autre tragédienne. La voix de Laurence Grivot était d'argent et de cristal, dans les joyeuses notes d'en haut; elle était pleine et sonore, dans le medium, et devenait forte, presque virile dans les notes graves. Soit qu'elle parlât, soit qu'elle rît, soit qu'elle chantât, les effets qu'elle en obtenait, sans le moindre effort, étaient toujours francs, mélodieux, expressifs. Elle avait, à côté de cela, une facilité surprenante à en changer, selon les personnages et les conditions locales. Ainsi, pour le rôle du capitaine Fortunato, dans Madame *L'Archiduc*, elle s'en était fait une de petit homme habitué à commander militairement, ce qui impatientait fort le directeur; mais elle enleva le succès avec cette voix-là. Pour le rôle de

1. C'est à cette « inimitable actrice » que La Fontaine adressait les vers suivants, dans sa dédicace du conte de *Belphégor* :

> Est-il quelqu'un que votre voix n'enchante?
> S'en trouve-t-il une autre aussi touchante,
> Une autre enfin allant si droit au cœur?

Mme Pernelle qu'elle travaillait en secret, il paraît qu'elle était parvenue à tirer de ses organes une tonalité presque mâle et profonde, comme pouvait être la voix de Béjart, choisi à l'origine, comme on sait, par Molière pour ce personnage si peu femme, en tout cas plus homme que son fils Orgon.

Avec cela, Mme Grivot possédait une diction irréprochable, toujours claire, toujours juste, où chaque phrase était articulée avec tant de netteté, accentuée avec tant de naturel, qu'on n'en perdait ni une syllabe ni une intention. Et puis enfin, elle avait beaucoup d'âme, et, comme l'a dit Victor Hugo : « L'âme est la source de la voix[1]. »

1. Lettre à Crémieux, timbrée de Waterloo, 28 mai 1861.

XV

La Famille à By.

MADAME Grivot, comme d'autres l'ont dit, n'était comédienne qu'au théâtre. Pour les siens et pour ses amis, c'était la simplicité et la cordialité mêmes; une rare et excellente nature, où l'esprit et la bonté s'alliaient dans d'exquises proportions. Sa conversation, enjouée de prime saut dans la forme, prenait facilement un tour sérieux, et se complaisait aux sujets d'ordre esthétique, spécialement en vue du théâtre.

La vie privée des artistes est, je le sais, ou doit être ignorée de la critique; mais, bien que j'honore profondément les écrivains qui l'exercent, on voit assez par ce qu'on vient de lire, que je ne suis pas de la corporation. Quoi qu'on en pense, mon étude me semblerait incomplète, presque vaine, si, derrière les masques divers successivement revêtus par l'artiste, le lecteur n'apercevait pas la réelle et sympathique figure de Laurence Grivot, femme de cœur et d'esprit autant que femme de bien.

Théophile Gauthier, le plus sensualiste des critiques de son temps, a eu beau railler spirituellement les actrices mariées et vertueuses[1]; ses boutades n'ont pas eu, Dieu merci, pour effet, d'en diminuer le nombre. Je suis convaincu, quant à moi, ne fût-ce que pour en avoir eu cet exemple sous les yeux pendant vingt ans, — et pourquoi cet exemple serait-il unique? — que l'art dramatique, comme tous les arts, loin d'être incompatible avec la dignité des mœurs, puise, au contraire, en elle une force qui l'élève, la soutient et, au besoin, met l'artiste plus à l'aise

1. Voir, dans l'*Histoire de l'Art dramatique en France*, 1re série, page 126, le passage commençant par ces mots : « Les comédiennes se sont adonnées à la vertu. » On y rencontre divers traits de haut goût, tels que ceux-ci : « Le vrai mari d'une actrice, quoi qu'en puissent dire les prudes de coulisses, c'est le public... Le nom d'un mari sur une actrice, c'est une chenille sur une rose. L'amant a quelque chose de plus vague, de moins brutal; il laisse le champ aux espoirs » Est-ce assez clair?

pour composer d'après nature certains rôles scabreux, étrangers à ses habitudes. Ainsi, celui de la baronne d'Ange, du *Demi-Monde*, n'a jamais été joué avec plus de vérité que par la pudique Rose Chéri.

Je ne prétends pas dire qu'il faille absolument des vertus contrôlées pour jouer Pauline, Andromaque, Iphigénie, Jeanne d'Arc ou Virginie; mais on conviendra que des habitudes d'honnêteté et des mœurs décentes y préparent mieux que le dévergondage et les scandales retentissants. On pourrait, je le sais, m'opposer des exemples célèbres de succès obtenus malgré de flagrants contrastes entre la vie privée et la virtuosité d'expression. Ces exemples seraient-ils probants? On pourrait aussi, en tout cas, les discuter avec chance d'en faire tourner la conclusion au profit de ma thèse. Mais cela nous mènerait trop loin; et puis le sujet est scabreux. Quoi qu'il en soit, je tiens provisoirement pour évident que l'honnêteté consciente a moins de difficultés à surmonter pour rendre artistement telle ou telle nuance de dépravation, que l'être vicieux n'en éprouve à bien simuler la vertu.

Revenons à Mme Grivot et à son mari. Je dis que

leur honnête et mutuel accord eut la plus heureuse influence sur le développement de leurs talents respectifs. En vrais artistes qu'ils étaient, ils se furent l'un à l'autre d'excellents professeurs d'enseignement théâtral. Sitôt qu'un rôle était attribué à l'un d'eux, ils l'étudiaient ensemble, y rêvaient chacun de leur côté, se communiquaient leurs idées, en essayaient les effets l'un sur l'autre, comme ils l'eussent pu faire sur un public d'intimes, et se présentaient aux répétitions avec un travail déjà très avancé, qui n'attendait, pour être au point, que les suggestions de détail fournies par la mise en scène.

Leur vie privée se passait, presque exclusivement, entre le père et la mère du mari, retirés à By ; une sœur de celui-ci, douce et intelligente nature, également affectionnée et dévouée aux deux époux ; des neveux et une nièce, successivement adoptés par eux, instruits sous leurs yeux ou surveillés en pension. Les sacrifices ne leur coûtaient pas; ils allaient au-devant; ils trouvaient leur bonheur dans le bien-être et le contentement des autres.

Leur champêtre retraite, de quinze à vingt arpents, se composait d'un verger tout en vignes et d'un grand jardin parallèle, où les fleurs, surtout les roses, s'harmonisaient avec les arbres fruitiers et les berceaux de verdure. Le tout, enclos de murs à espaliers et de haies vives, portait d'abord à l'âme l'impression d'une vie sereine et d'un bonheur intime. Le manoir, ainsi encadré, commodément distribué et meublé simplement avec goût, sans luxueuse recherche ni excentricité prétentieuse, accusait la régularité des habitudes et des mœurs. On devinait seulement, à certains détails décoratifs, le culte dominant des hôtes pour les choses de l'art et de l'esprit, sans négliger celui des grâces. La bibliothèque et le piano y tenaient des places d'honneur. Des tentures où dominaient les nuances douces avec une sensible prédilection, paraient les murs. Quelques bronzes de haut goût, dont un Molière en pied, un buste de B. Franklin, un Ajax casqué, belle réduction de l'antique ; des laques de Chine et des porcelaines Louis XV ; quelques bonnes toiles, dont un portrait de Mme Grivot dans son âge mûr, par Mme Fichel ; des aquarelles et des esquisses de Mlle Rosa Bonheur, des charges de Grévin, très peu de bibelots, plusieurs photographies artistiques, etc. Tout cela réalisait un effet d'ensemble harmonieux et doux, frappé à son empreinte.

C'est là seulement, c'est à By qu'elle se sentait à l'aise et parfaitement heureuse. C'est à By qu'elle accourait avec joie, dès qu'elle pouvait s'échapper de Paris et de son théâtre, pour se délasser et se détendre dans la cercle de la famille et de quelques excellentes relations locales. Un de ses plaisirs favoris, toujours nouvaau pour elle, c'était de courir avec son Grivot à travers cette merveilleuse forêt de Fontainebleau, dont elle interprétait les accidents à sa manière, en poète naturaliste ou en penseur artiste. Un autre plaisir, qui balançait presque celui-là, c'était de naviguer sur la Seine, dans un canot qu'ils entretenaient à la rive de Thomery, et qu'ils manœuvraient ensemble dans de pittoresques excursions et de joyeuses parties de pêche, rarement assez silencieuses pour être productives.

Le voisinage de Mlle Rosa Bonheur fut pour elle une bonne forune, dont elle profitait avec délices. Une franche et naturelle sympathie avait amené de fréquents rapports entre elle et la grande artiste du pinceau. Tous les arts s'attirent et s'étreignent naturellement, dans la passion commune du beau et dans l'expression de la nature, qui en font une sorte de religion universelle. — Elle passait donc de bonnes heures dans l'atelier qui a vu naître le *Labourage*, le *Marché aux Chevaux* et tant d'autres chefs-d'œuvre; parfois aussi dans le vaste parc où vivent épars toutes sortes d'animaux, comme dans un jardin privé d'acclimation, en qualité de *modèles*. On y chassait de temps à autre, mais le lapin seulement, les fauves étant reclus dans des constructions appropriées à la nature de chaque espèce. Les Grivot y virent un jour la châtelaine, ayant condamné à mort un cerf dangereux pour les autres habitants du lieu, s'armer d'un fusil et lui planter elle-même une balle dans le front, avec la précision et le sang-froid d'un Gérard *tueur de lions*. Laurence Grivot avait imploré la grâce de l'innocente bête, et, n'ayant pu l'obtenir, s'enfuit en la voyant tomber, pour n'être pas témoin de son agonie.

Aussi, dans son petit domaine de By, ne nourrissait-elle que des animaux familiers et susceptibles d'affection. C'était d'abord un joyeux petit griffon, répondant au nom historique de *Namoun ;* un âne vénérable appelé Cadet, dont la figure débonnaire faisait songer à un vieux juge de paix en retraite honoraire, et que Mlle Rosa Bonheur médite d'immortaliser en portrait; un bon petit cheval alezan, Bibi, s'il vous plaît, qui se laisse encore mettre à la voiture pour promener la famille en forêt; un fort beau perroquet vert, M. Coco, fertile en propos inspirés; enfin deux ou trois jeunes chats: toutes ces bêtes fort bien soignées, choyées et caressées à l'envi par les maîtres, auxquels elles semblaient rendre amour pour amour. Laurence Grivot professait évidemment sur l'âme des bêtes la même philosophie que La Fontaine: aussi prenait-elle un singulier plaisir à leur parler.

Voilà ce qu'on voyait, et ce qu'on voit encore, sous un moins riant aspect, en cette douce retraite de By, remplie de son souvenir et de ses pensées. Elle en était l'âme, et tout y parlait d'elle. Quand nous y revînmes, après qu'elle eut cessé d'y paraître aux yeux du corps, la première impression que nous éprouvâmes, alors même que nous étions une foule, ce fut celle du vide et d'une entrée au désert.

XVI

Laurence Grivot maîtresse de diction.

Madame Grivot donnait, depuis plusieurs années, des leçons de diction dans une institution de jeunes filles, où elle fit merveille. Il est rare que les artistes dramatiques soient d'excellents professeurs de lecture; cela s'explique par la diversité des deux fonctions, autant que par celle des milieux où elles s'exercent. L'acteur a pour loi suprême d'employer tous les moyens dont la nature l'a gratifié, à produire sur les spectateurs assemblés une illusion aussi rapprochée que possible de l'effet qu'ils éprouveraient en présence du personnage réel, tel que l'auteur l'a conçu. Il le fixe et l'incarne en lui ; c'est le but assigné à ses efforts et la marque irrécusable de son talent. Le lecteur, lui, n'a pas à simuler les personnages successifs, souvent nombreux, auxquels il prête sa voix pour unique moyen d'expression. Il doit même se garder avec soin de forcer, par un faux goût d'imitation, les intonations distinctives dont la diversité des caractères lui fait une loi. En revanche, il a le devoir plus étroit de se tenir aussi près que possible de l'auteur qu'il interprète, d'en traduire exactement les pensées, les sentiments, jusqu'aux intentions, en s'oubliant lui-même pour le mieux servir, sans négliger toutefois, dans son extérieur, les convenances qui s'imposent à tout homme bien élevé.

Pour être un bon lecteur il faut être instruit, il faut être un lettré. Bien peu d'acteurs le sont, et le public n'en a cure. Entre tous les lecteurs vivants que j'ai connus et qu'il m'a été donné d'entendre, le meilleur modèle à mon avis, ce n'est pas M. Legouvé, non, c'est M. Emile Deschanel, parce qu'il lit, celui-là, sans apprêt et sans prétention, et surtout qu'il excelle à faire parler ses auteurs. Aussi, pendant son exil, faisait-on volontiers un voyage à Bruxelles pour entendre une de ses conférences.

Mme Grivot, qui s'était fait de son art une

idée juste et fort élevée, ne le confondit jamais avec celui de la lecture. Ses jugements sur les auteurs étaients d'une sûreté remarquable. Jamais on ne lui eût fait prendre une page de Régnard pour du Molière, ni une scène de M. Sardou pour de l'Alexandre Dumas ou de l'Emile Augier. Quant à ses théories d'interprétation, elle les tenait, en principe, de son observation personnelle, toujours éveillée, et de son étude réfléchie des maîtres, auteurs et professeurs. Régnier, parmi ces derniers, était au premier rang dans son estime. Elle tenait de lui d'excellents préceptes, en première ligne celui dans lequel ce maître des maîtres résumait sa doctrine : « Apprendre à apprendre. » Mme Grivot enseignait la même chose à ses élèves, par des procédés analogues, les obligeant avant tout à réfléchir, à fouiller la phrase pour en saisir le sens intime, à en tirer le mot de valeur pour le mettre en lumière, à assouplir leur organe en répétant fréquement ce qu'elle appelait « les gammes de la diction[1]. »

La langue des poètes lui était presque aussi familière que la prose. Elle savait dire, avec une

1. Lettre à M. F. Sarcey, 1885.

souplesse et un naturel parfaits, le monotone alexandrin classique, sans lui enlever cette mélodie transparente, chère aux délicats, qui en justifie l'emploi au théâtre. Dans le genre lyrique, genre difficile entre tous, où échouent les acteurs les plus renommés, elle était tout âme et s'identifiait complètement avec la muse dont elle se faisait l'interprète.

Pourtant, gardez-vous de croire que cette femme d'élite, d'un goût si sûr et d'un jugement si sain, s'exposât à commettre, dans ce poste de confiance, la faute reprochée, souvent avec injustice, aux spécialistes empruntés à nos théâtres pour enseigner la lecture dans des établissements d'éducation. Certains, il faut en convenir, confondant, par la force de l'habitude, la diction théâtrale avec la lecture à haute voix, inoculent, à leur insu, leur goût du théâtre ou du cabotinage à leurs élèves. Mme Grivot, loin d'encourager parmi les siennes pareille tendance, avec les tentations qu'elle entraîne, en signalait scrupuleusement les périls, les difficultés et les cruels déboires, afin de les en détourner le plus possible ; ainsi qu'il résulte d'un passage, absolument topique, de sa correspondance avec la directrice même de l'établissement, que je ne puis me dispenser de citer... « Ce terrible public (celui d'une première représentation), composé uniquement des amis de l'auteur, de ceux du directeur, des amis de nos amis, et que nous redoutons cependant, devant lequel nous tremblons, et qui paralyse les plus forts comédiens !... Et dire qu'il y a de par le monde des jeunes personnes qui envient le sort de l'artiste dramatique ! Ah ! si celles-là pouvaient éprouver les angoisses de ces malheureux, les fameux soirs *de première*, elle trouveraient trop douce la vie de nos aimables forçats[1]. »

1. Lettre du 30 octobre 1883, à Mme F***.

XVII

Les *Souvenirs* de Laurence Grivot.

'AI dit, comme tous ceux qui l'ont connue, que Mme Grivot avait de l'esprit. Oui, elle en avait, et du meilleur, et de bien personnel. Les auteurs qu'elle a interprétés s'en sont aperçus : les Feuillet, les Daudet, les Sardou, les Barrière, les Claretie, les Crémieux, les Halévy ont recherché sa conversation, comme celle d'Augustine Brohan, de Rose Chéri, d'Anaïs Fargueil, et de quelques autres non moins renommées. L'esprit de Mme Grivot, très fin, très perspicace et très délicat, ne jaillissait pas en fusées, comme celui de Sophie Arnoult ou de Jenny Vertpré ; il n'éblouissait pas comme celui d'Augustine Brohan ou de Mlle Fargueil ; les saillies de mots et les paradoxes n'étaient pas son fait. Douée, avant tout, d'un sens droit qui savait observer, d'un goût sûr cultivé par de fréquentes lectures, elle excellait et se trouvait toujours en fonds, sinon en verve, pour railler le faux, le ridicule et la bassesse; mais, tout en riant de bon cœur, très largement, comme son maître Molière, des sottises humaines, elle ne s'en moquait pas impitoyablement, comme y excellait terriblement Voltaire. Son rire, à elle, s'il éclatait franchement au nez des ridicules, ne se plaisait pas à mordre les individus. Souvent même, en leur présence, il s'arrêtait court et s'éteignait dans la compassion. Je ne l'ai jamais entendue railler rien de respectable, et je l'ai toujours vue indulgente envers la simplicité d'esprit. Certaines gauloiseries de langage, acclimatées dans les théâtres, qu'on savait de nature à blesser sa délicatesse, lui étaient bénévolement épargnées. En revanche, les meilleurs traits d'honnête plaisanterie lui étaient offerts en régal.

En résumé, plutôt riante que rieuse, elle déployait, soit à la ville, soit à la scène, toutes les nuances du sourire expressif et suggestif, dans ses discours comme dans son jeu; et c'est aussi ce qu'on trouve dans sa correspondance familière, dont il ne reste plus trace, à ma connaissance, et dont la perte, au point de vue pittoresque et humoristique, est particulièrement regrettable. Heureusement Grivot a conservé et consenti à me communiquer un recueil de *Souvenirs*, rédigés par elle-même au jour le jour et sans prétention, au hasard des actualités, où elle se trouvait. On me saura gré, j'en suis convaincu, d'extraire de ces autographes quelques passages, afin de montrer sous un dernier aspect, plus significatif que tout autre, la physionomie si diverse de cette femme, peu connue de son vivant, et qui eût tant gagné à l'être davantage.

Il y a dans ce *Livre de Souvenirs* des pages que n'eût pas désavouées, je ne dirai pas Mme de Sévigné, oh ! non, mais une plus moderne et moins grande dame, Delphine de Girardin.

Au mois de juillet 1883, Mme Grivot s'était rendue, avec son mari et quelques camarades, aux bains de Trouville, pour y donner quelques représentations. Ils y furent accueillis avec beaucoup de sympathie ; cependant l'entreprise fut peu lucrative. Le lendemain de son arrivée, dès le matin, elle a ouvert les fenêtres de la maison qu'ils ont louée, rue des Buttes, et contemple la pleine mer avec ravissement. « Rien ne masque la vue ! s'écrie-t-elle. Je distingue à l'horizon un nombre infini de petites barques ; le vent qui s'est élevé depuis une heure les secoue furieusement, et malgré moi je tremble pour les pauvres gens qui les montent. Ils sont là-bas, loin des êtres qu'ils chérissent et dont ils sont les seuls soutiens! Hier, un coup de mer a fait sombrer deux bateaux de pêche. Heureusement les hommes et les pauvres petits mousses ont pu gagner le bord, sans autre accident que ce bain forcé. » Ainsi son cœur, en toute occasion, s'ouvrait de lui-même à la compassion pour les humbles.

Elle songe à utiliser son séjour pour cultiver son esprit, élargir ses facultés : « Ah ! si le spectacle grandiose que je vais contempler pendant six semaines pouvait ouvrir largement ma trop vieille cervelle, comme je le bénirais, et avec quelle joie je reviendrais le contempler[1] ! »

Dans la lettre suivante, après un rapide crayon, très humoristique, de la fête nationale du 14 juillet sur la plage, elle ajoute cette réflexion, qui renferme un trait de mœurs : « Dans cette journée

1. Lettre du 12 juillet 1883, à Mme F***.

étonnante, les bateaux et les trains de plaisir amènent une nuée de petites personnes, jolies et même élégantes, mais d'une élégance de mauvais aloi. Quelques messieurs à nous connus semblent quêter les bonnes grâces de ces drôles de petites personnes, et, comme nous ne voudrions pas être vus en si comique assemblée, nous faisons un sérieux détour pour éviter de les saluer[1]. »

Elle revient avec soulagement au sentiment de la nature. « Mercredi soir, promenade sur la côte, derrière notre maison. Il y a là-haut des prairies magnifiques ; les foins sont fraîchement coupés et embaument l'air ! De tous côtés nous découvrons des châlets normands du plus pittoresque effet. En bas, nous voyons la mer frémissante ; nous écoutons avec ravissement le roulement des vagues qui viennent se briser sur les *Roches noires*. La première étoile se montre dans le firmament ; la nuit vient et donne à ce coin de campagne un aspect presque sauvage. C'est très beau, et l'on est tenté de s'écrier : Dieu est grand[2] ! » Georges Sand eût-elle dit mieux ?

Oserai-je maintenant, lecteur, vous servir un

1. Lettre du 18 juillet, à Mme F***.
2. Même lettre.

morceau d'une particulière gentillesse ? Il s'agit de l'intrusion d'une petite souris dans le brodequin de Thalie : « Vous me demandez si je suis toujours satisfaite de mon installation : je puis vous répondre : oui et non ; car j'ai perdu la douce quiétude, sans laquelle il est impossible de vivre. La maison offre toujours aux regards le même aspect ; le petit jardinet qui s'épanouit devant ma porte a encore de bonnes senteurs, qui embaument notre salle à manger ; de l'unique fenêtre de la chambre à coucher, je vois la mer se balancer avec la même majesté ; tout ce qui m'environne me séduit encore comme au premier jour ; mais... j'ai perdu le sommeil ! Toutes les nuits, je suis réveillée par un petit bruit incessant, qui met ma bravoure à une rude épreuve. Un matin, j'ai surpris dans une de mes bottines un petit animal au pelage grisâtre, au museau effilé, aux dents pointues, dont l'œil rieur semblait me défier ! Le doute n'est pas possible, c'est bien une souris qui cause mon tourment.

« Ah ! c'est toi, » m'écriai-je, « qui troubles mon repos ! c'est toi dont les petites pattes roses courent sans cesse de la cave au grenier, sans me laisser une heure de trêve ! Tu vas mourir... Hors d'ici, méchant petit rongeur! — Mais, à ma grande surprise, la petite bête, que mes cris effrayent sans doute, se blottit tout au fond de la fameuse bottine, d'où il m'est impossible de la déloger. Je tourne et je retourne cette souricière d'un nouveau genre, espérant toujours en voir sortir ce petit hôte indiscret; mais non, il ne bouge pas, et toujours les petits yeux rieurs me regardent, les petites pattes s'accrochent désespérément à cette planche... je devrais dire à cette semelle de salut!

« Décidément » me dis-je, « cette souris n'est pas la première venue dans son espèce; elle se voit chez un membre de la Société protectrice des animaux, elle compte que je vais lui faire grâce : du reste, je serais bien incapable de la tuer! « Tu auras la vie sauve, petite souris. » Je prends donc ma bottine, je la transporte, avec beaucoup de ménagements jusque dans mon jardin, et j'attends! La finaude, se croyant seule alors, s'empressa de filer et je ne la revis pas.

« Mais elle avait, sans doute, de grandes et sérieuses relations dans son monde, peut-être même une jeune nichée, à laquelle j'ai rendu une mère. Dans sa joie du retour, la petite misérable aura conté ma générosité à son égard ; on aura voulu me prouver à quel point on y était sensible, et, la nuit suivante, j'avais la visite de toutes les souris du voisinage... J'en ai qui montent jusque sur mon lit ; elles rongent mes vêtements, elles se mettent à table, vont dans les armoires[1]... » J'abrège à regret ; mais qu'en dites vous, lecteur ? n'est-ce pas charmant ? Où et quand avait-elle appris à écrire si joliment ?

Je cueille dans la lettre suivante deux ou trois traits qui caractérisent sa personnalité... Elle apprend avec chagrin qu'un superbe marronnier, « qui élevait si fièrement sa belle et vénérable tête, est *à toute extrémité*. Que lui est-il donc arrivé ? Les mauvaises odeurs dont se plaignent les Parisiens ne seraient-elles pas cause de ce malaise ? » — Elle est souvent triste au bord de la vaste mer, et l'avoue à son amie. « Vous devez, lui dit-elle, comprendre que j'aspire au moment de me retrouver près de vous, et que mon pauvre cœur a besoin de s'épancher. » Une sérieuse déception l'empêchait alors de voir la vie en rose : « la saison de Trouville a été mauvaise pour tout le

1. Lettre du... septembre 1883, à Mme F***.

monde ». Elle suppose qu'il n'est plus de mode d'aller à la mer, et qu'on préfère les villes d'eaux. « Ainsi va le monde, ajoute-t-elle mélancoliquement : ce qui nous a plu pendant longtemps nous déplaît un jour, et brusquement, sans que nous puissions en expliquer logiquement le pourquoi. Je réponds, moi, de ne pas changer et de vous aimer toujours de même. »

Je m'arrête bien à regret devant cinq pages de réflexions, d'une étonnante justesse, sur *Carmen*, écrites au courant de la plume, après une audition de l'œuvre de Bizet, qui venait d'être reprise avec de nouveaux interprètes. J'en dirai toutefois mon impression : c'est qu'on ne saurait lire sans admiration ce délicat morceau de critique d'art, très bienveillant et très lucide, sur la musique et sur le livret de cette étrange composition. Quant à l'interprétation, la palme reste, comme bien on pense, à Mme Galli-Marié : « Ah ! dame, c'est qu'elle avait le *diable au corps*, celle-là, le certain je ne sais quoi qui ne se donne pas..., la fameuse étincelle qui met le feu aux poudres[1]. »

Au lendemain d'une répétition de *Manon Les-*

1. Lettre du mois de septembre 1883, à Mme F***.

caut : « Vous me direz vos impressions de jeudi dernier... Quant à moi j'en garderai toujours « douce souvenance ». Ah ! la bonne chose que la sympathie de goûts et de sentiments, et que les heures passent vite!... Vous rappelez-vous notre surprise quand on nous dit qu'il était 6 heures 35 ? Vous rappelez-vous aussi que ce désagréable renseignement nous fut donné par une espèce de petit *boudiné* en herbe, qui ne saluait jamais en passant devant les dames ? » Suit une galerie de portraits peu flatteuse de messieurs les critiques installés à l'orchestre, « plus laids les uns que les autres, armés de crayons vengeurs et qui noircissaient rageusement des milliers de feuillets blancs ». — Après un soupir de sollicitude maternelle, au sujet du petit André, son neveu, qui vient d'avoir un commencement d'angine et qui « est décidément une fragile petite plante, à laquelle il faudra des soins constants et du soleil », elle en vient à s'apitoyer sur le sort des fleurs à Paris, où elles sont « martyrisées » avec plus de cruauté que partout ailleurs. « Hier, écrit-elle, j'ai rapporté chez moi une énorme gerbe de magnifiques camélias rouges, de délicates roses thé et de quelques branches de lilas blanc... Ce matin, à peine levée, je cours à mon bouquet, afin de lui prodiguer mes plus tendres soins, et je le trouve fané ! Comment, déjà ! m'écriai-je. Quoi ! de ce fier épanouissement d'hier il ne reste rien ! Je veux savoir de quel mal sont mortes mes jolies fleurs ». Et sur une table recouverte d'une blanche serviette, elle procède à l'autopsie de son pauvre bouquet, et trouve « au cœur même du malheureux, un énorme rouleau de papier bourré d'herbes malsaines, puis du gros fil en quantité, serrant à les briser toutes les tendres tiges ; et enfin, comble d'horreur ! de minces fils de fer montant jusque dans la tête de chaque fleur, pour les forcer à se tenir droites ! » Elle a souffert cruellement de leur supplice. Heureusement, à peine les a-t-elle dégagées de tout « ce qui les torturait et les étouffait », les voici qui semblent renaître. Elle les range alors avec soin dans un large vase rempli d'une eau fraîche et limpide, « arrose doucement les pétales blessés, et sous l'action de cette douche de rosée, a la joie de les voir revenir aussi fraîches, aussi parfumées qu'elles l'étaient la veille[1]. »

1. Janvier 1884.

Beaucoup de ces pages ont été écrites à la hâte, jusque dans sa loge d'actrice. J'en trouve le témoignage dans cette fin de lettre : « l'abus du crayon vous prouve que j'écris au théâtre, dans ma loge, et que, lorsqu'on trouve le temps d'écrire un aussi long grimoire au milieu du blanc et du noir, au milieu d'une atmosphère chargée de gaz et de poudre de riz, distraite que l'on est par les cris et les rires des camarades, c'est qu'on éprouve une véritable affection pour la personne à qui ce grimoire est destiné[1]. »

Je voudrais de très bonne foi m'arrêter ici. Et pourtant je rencontre, dans ces *souvenirs*, certains morceaux documentaires, qui ne me semblent pas négligeables dans l'histoire d'une vie. J'y trouve, par exemple, une lettre de l'acteur Truffier, des Français, et une réponse à cette lettre, qui ont bien leur valeur. Truffier la remercie d'une excellente soirée qu'elle a fait passer à sa mère en se montrant à celle-ci dans les rôles de Victorine et de Chérubin. « Elle me remémore sans cesse, » écrit-il, votre interprétation de ces deux rôles, et me répète souvent: « Comment une personne de

1. Lettre du 30 octobre 1883, à Mme F***.

ce talent n'est-elle pas à la Comédie-Française? » Mme Grivot, dans sa réponse, témoigne du prix qu'elle attache à ce compliment. Ces deux rôles lui ont fait éprouver « les plus grandes émotions que puisse ressentir une artiste éprise de son art. » Puis elle ajoute cette amère réflexion : « Des critiques tels que Paul Foucher, Saint-Victor, voire même le si terrible M. Sarcey me prédirent alors un brillant avenir... à la *Comédie!!* Mais la maison de notre divin Molière, dont l'accès est si facile pour de certaines personnes, a été pour moi (du moins l'idée d'y entrer) comme le rocher du coupable Sisyphe [1]. »

Dans une très affectueuse lettre à Mlle Rosa Bonheur, alors à Nice, je ne puis m'empêcher de cueillir ce passage, qu'on dirait emprunté à Sévigné : « Connaissez-vous une personne plus douce, plus charmante, plus tendre, plus aimable, plus affable que la sympathique Mme G..... Nous avons eu, M. Grivot et moi, le plaisir de la voir, la veille de son départ pour Nice, et elle a eu, pour me dire adieu, un mouvement plein de grâce, qui m'a profondément touchée. Au mo-

1. Lettre de septembre 1884.

ment de prendre congé d'elle, et comme nous la priions de vous présenter nos bonnes amitiés, elle m'a pris vivement la tête, et m'a embrassée de tout cœur. »

Plus loin, elle rend compte à Mme Marie Laurent d'une démarche qu'elle vient de faire près d'une jeune personne généreuse, pour l'œuvre de l'Orphelinat-des-Arts, comme membre du Comité : « Je vais, dit-elle, bien vite vous rendre compte, Madame la Présidente, de mon entretien avec la gracieuse X.... J'ai trouvé en elle une petite personne aimable et bonne au possible, qui m'a paru très touchée de la démarche que je faisais auprès d'elle au nom du Comité, et qui tout de suite m'a répondu : « Ah ! oui, par exemple, et de tout cœur ! J'accepte le mandat que vous m'offrez. — « Voilà, je crois, une bonne recrue. Ai-je bien travaillé, mon maître ? — Vous pouvez me répondre : « Oui, grosse bête », sans que cela diminue en rien ma profonde amitié pour vous. » On n'a pas meilleur caractère, qu'en dites-vous ?

Beaucoup d'autres lettres, d'un ton plus sérieux, adressées à diverses personnes pendant au moins six ans, témoignent de son dévouement à cette œuvre des Orphelines, jusqu'au jour où, épuisée de fatigue et de tracas, elle se vit, à son grand regret, obligée de renoncer à ses fonctions, et dut prier Mme Marie Laurent, d'accepter sa démission de membre du Comité. « Puisque je deviens », ajoutait-elle, « impuissante, à vous seconder dans votre lourde tâche, il n'est pas juste que je tienne la place d'une personne qui, plus heureuse que moi, pourrait vous rendre de réels services. » — Je ne crois pas que cette démission ait été acceptée.

Bien d'autres spécimens, tout aussi intéressants, solliciteraient encore mon choix; mais je me sens incapable de fonder mes exclusions sur des motifs plausibles, à part toutefois la crainte de fatiguer le lecteur. Je prends donc le parti héroïque de sauter, à pieds joints et les yeux fermés, par-dessus toutes les pages que j'avais encore marquées, et je viens tomber sur la dernière, où je suis contraint de lire avec recueillement ces réflexions, empreintes d'une haute sagesse et de quelque mélancolie : « Une artiste dramatique doit selon moi, rester jeune le plus longtemps possible, mais chez elle, pour la famille. Elle fera bien, au contraire, de se faire vieille de bonne heure pour le théâtre. De cette façon, elle évitera des critiques plus ou moins désobligeantes, et elle pourra compter encore de belles années dans l'art de plaire à cet excellent public parisien, un peu gouailleur peut-être, mais spirituel et plein de respect pour les artistes qui ont vaillamment lutté pour le satisfaire. »

Je m'en tiens là, et je m'en sais gré. Quant au lecteur, s'il en est un qui m'ait suivi jusqu'ici, je le prie humblement de se rappeler que si « le style est l'homme même, » il est encore mieux la femme. C'est mon excuse devant lui, comme ça été ma raison suprême dans le choix de ces extraits.

VIII

Résumé synthétique.

Voila ce que la culture de soi-même avait fait d'une personne assurément bien douée, mais douée surtout de l'amour du beau et du bien, qui eût été remarquable dans n'importe quelle condition ; artiste dévouée à son art et initiée par lui à ceux qu'elle n'a pu pratiquer, y compris l'art littéraire ; mère de quatre enfants qu'elle n'avait pas engendrés, bienfaitrice de beaucoup d'autres (Œuvre de l'Orphelinat-des-Arts), âme et souveraine de sa maison, dont elle avait fait presque un temple, y donnant l'exemple de toutes les vertus qu'on aime, comme elle prêtait au dehors l'assistance de son talent à toutes les infortunes; femme, en un mot, à qui rien d'humain ne fut étranger, et à qui rien n'a manqué pour être célèbre, rien qu'une protection efficace, qu'elle pût accepter.

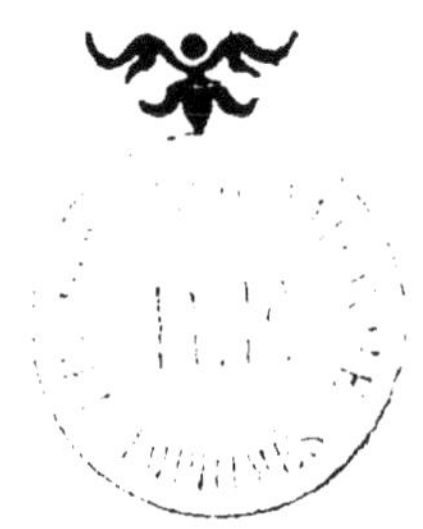

XIX

Adieux et vœux.

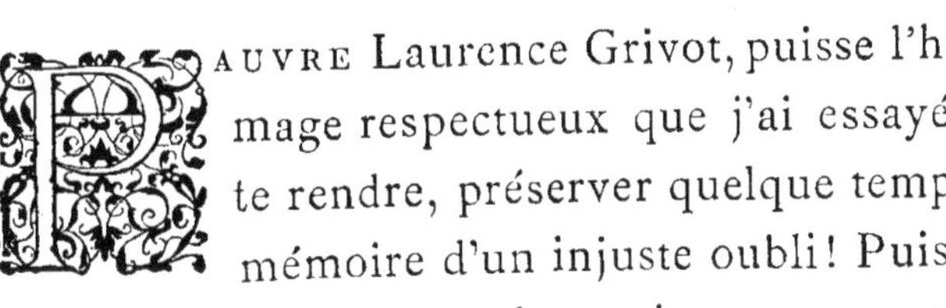

PAUVRE Laurence Grivot, puisse l'hommage respectueux que j'ai essayé de te rendre, préserver quelque temps ta mémoire d'un injuste oubli ! Puissent ton cher Grivot et tous les amis que vous eûtes ensemble puiser dans cet hommage un soulagement à leur légitime douleur !

Si d'autres que ceux-ci, après avoir parcouru ces pages, s'étonnaient encore d'y trouver une Laurence Grivot différente de celle qu'ils croyaient connaître, je leur répondrais que cette sorte de révélation n'est pourtant rien de plus qu'un éclaircissement : j'ai nettoyé la lorgnette et dissipé le brouillard qui empêcha, tant qu'elle vécut, de la voir telle qu'elle était. S'il a toujours existé à son égard une sensible divergence d'appréciation entre le public et nous, ce n'est la faute ni du public, ni de Mme Grivot, ni des critiques, non plus que de l'humble auteur de cet écrit, qui n'en revendique pas moins toute la responsabilité de ses affirmations. En fin de compte, tout s'explique par la connivence et par le jeu serré des intérêts et des passions, dont toute supériorité morale est et sera éternellement victime dans son milieu.

Heureusement les passions et les intérêts passent et tombent dans un oubli mérité, tandis que l'exemple d'un beau talent, honoré par une bonne vie, fructifie avec le souvenir qu'ils ont laissé. Qu'il en soit donc ainsi pour Laurence Grivot, dans l'âme des lecteurs, mais surtout dans celle des lectrices de ce petit livre : j'aurai atteint mon but le plus élevé, et je m'en estimerai grandement récompensé.

FIN

TABLE DES MATIÈRES

Compiègne. — Imp. HENRY LEFEBVRE, rue Solferino, 31.